Recurso para
los Principios
de la Vida

CÓMO VIVIR
Una VIDA
Extraordinaria

CÓMO VIVIR *Una* VIDA *Extraordinaria*

CHARLES F. STANLEY

GRUPO NELSON
Una división de Thomas Nelson Publishers
Desde 1798

NASHVILLE   DALLAS   MÉXICO DF.   RÍO DE JANEIRO   BEIJING

GRUPO NELSON
Una división de Thomas Nelson Publishers
Juntos inspiramos al mundo

Caribe-Betania Editores es un sello de Editorial Caribe, Inc.
© 2005 Editorial Caribe, Inc.
Una subsidiaria de Thomas Nelson, Inc.
Nashville, TN, E.U.A.
www.caribebetania.com

Título en inglés: *Living the Extraordinary Life*
© 2005 por *Charles Stanley*
Publicado por *Thomas Nelson Publishers*

A menos que se indique lo contrario,
todos los textos bíblicos han sido
tomados de la Reina Valera 1960
© Sociedades Bíblicas Unidas

Traducción: *Carla Dongo Palacios*

Tipografía: *Grupo Nivel Uno, Inc.*

ISBN 0-88113-926-2
ISBN 978-0-88113-926-6

Impreso en E.U.A.
Printed in the U.S.A.
5ª Impresión

Me complace grandemente dedicar este libro
a mi querido amigo y colega Robert (Bob) Schipper
cuyo servicio fiel a mí y a Ministerios En Contacto
ha sido verdaderamente extraordinario.

CONTENIDO

CONTENIDO

PREFACIO

La vida en el siglo XXI es difícil. El mundo es cada vez más volátil. A pesar de todos sus avances tecnológicos, científicos y educativos sin precedentes, nuestra sociedad se hace más frágil con el pasar de cada año. Los fundamentos institucionales, culturales y morales de los que hemos llegado a depender se han desintegrado rápidamente, y a veces las presiones dentro y fuera del hogar nos abruman.

¿Está luchando contra fuerzas que parecen estar fuera de su control? ¿Acaso la rutina de la vida marcha más rápido que usted? Si es así, al igual que la mayoría de las personas hoy día, usted está al mando de su propia vida, sorteando una crisis tras otra sin aminorar la marcha. Como una persona enferma que ignora aquel dolor tenue en su espina dorsal, usted trabaja más duro y gasta más dinero tratando de distraerse de una realidad que podría interrumpir su tren de vida. Si el dolor se vuelve intolerable, buscará ayuda. Tal vez descubra que su condición es peor de lo que pensaba, y que podría haberla evitado si la hubiese tratado a tiempo. En algunas ocasiones, a lo largo de las últimas siete décadas, me he dejado envolver por esa misma rutina. He luchado, he fracasado, he alcanzado metas, he tropezado y he sido levantado. He escuchado el consejo de mis colegas y he acatado la sabiduría de Dios.

He visto la cima del «monte espiritual» y también he quedado atrapado en un valle profundo del cual pensé que nunca encontraría la salida. A lo largo del peregrinaje de mi vida, hay algo que he llegado a comprender claramente: Sólo Dios puede ayudarle a vivir una vida realmente extraordinaria.

Existe un cimiento de verdad sobre el que podemos apoyarnos, una verdad tan fuerte que ninguna corriente puede moverla. Como seguidores de Cristo, nuestra confianza en tiempos de inestabilidad radica en un Dios inmutable quien provee anclas firmes de fe y seguridad. Cuando pienso en cuán cerca está Dios y sin embargo, muchas veces no logramos verlo, me viene a la memoria una excursión de fotografía que hice una vez en Suiza con la esperanza de fotografiar una montaña legendaria: El Matterhorn. Luego de un viaje de cuatro horas por tren al pueblo de Zermatt, fui recibido por una tormenta de lluvia, llovizna y nieve que persistió por tres días. Inspeccioné toda el área, pero nunca pude ver siquiera el pie de la montaña, ni para qué hablar de algo que fuera digno de fotografiar. En mi última noche allí, le compartí mi desencanto al Señor. Había venido desde muy lejos con el único propósito de tomarle una fotografía a esa montaña, y supe que Él entendía.

Antes de acostarme, abrí las persianas de mi ventana para dejar entrar el aire fresco. Me desperté a las 5:20 a.m. y miré afuera para ver la mañana. Hasta hoy puedo verlo en mi mente, el Matterhorn con sus 4.505 metros de gloriosa blancura, se cernía sobre mí como una gigantesca cobra. El cielo en el fondo estaba totalmente oscuro, pero un halo de luz iluminaba toda la montaña. Fue como si Dios dijera: «Mira lo que pasa cuando me esperas».

Más tarde ese mismo día, escalé casi 3.700 metros, pero las mejores fotos que tomé fueron desde la ventana de mi hotel. El edificio frente a mí estaba a la altura precisa para que pudiera tomar fotografías por encima de él, y tenía una vista absolutamente perfecta. Hasta el día de hoy, mi fotografía del Matterhorn es una de mis favoritas. La formidable lección que aprendí de esta experiencia fue que Dios siempre está cerca, bien sea que le podamos ver o no. Por tres días estuve allí buscando en vano a través de un manto de neblina, cuando todo ese tiempo el pico estaba justo al frente. Así son las promesas de Dios. Si usted aminora la marcha y centra su atención lo suficiente como para verlas, podrá apropiarse de ellas para su vida de maneras inimaginables. En medio de la inestabilidad vertiginosa y el afán, es fácil que olvidemos nuestra verdadera fuente de fortaleza. Pero incluso cuando tropezamos a lo largo del agotador camino de la vida, Él va con nosotros, en medio de la desilusión, el desaliento y la duda. Nuestros actos caprichosos nunca le apartan de nosotros. Él sabe que por nuestra cuenta no podemos hacer nada, pero que a través de Cristo podemos tener éxito, y lo tendremos. «El que comenzó en vosotros la buena obra, la perfeccionará hasta el día de Jesucristo...» (Filipenses 1.6).

Cuando usted pone su esperanza en cosas temporales como dinero, posición social, logros, aceptación, o incluso el amor de su familia y amigos, inevitablemente su cimiento se desmoronará. Las comodidades mundanas no son defensa contra las tumultuosas tormentas que la vida nos trae con frecuencia. Si usted ha de mantenerse fuerte, su identidad debe cimentarse en algo más grande que lo que el mundo ofrece.

Como dice el viejo dicho, la vida no es cuestión de saber *quiénes* somos, sino *a quién* pertenecemos. Además, a quién pertenece usted no tiene nada que ver con usted y tiene todo que ver con Él. El reto suyo consiste en quitarse de en medio para que Dios pueda moverse en y a través de usted. Él tiene un propósito claro para cada uno de Sus hijos, y quiere que usted entienda ese propósito. Cuando usted finalmente ve cuánto Dios le ama y cuán grande es el llamado que usted ha recibido, usted comenzará a vivir para Dios por medio de Su poder.

Las Escrituras nos ofrecen numerosos principios para apropiarnos de las promesas de Dios. No tengo espacio aquí para detallarlos todos y cada uno. En la Biblia usted puede encontrar un tratamiento más completo de los Principios para la Vida. No obstante, en este libro trataré nueve verdades que han pasado la prueba del tiempo y que Dios nos revela a través de las Escrituras, y expondré cómo nosotros como creyentes podemos vivir vidas extraordinarias.

¿Qué es la vida extraordinaria? Es una vida sustentada con paz y gozo tanto en las buenas como en las malas. Puedo decir con honestidad que, luego de todos estos años, por fin he llegado al punto en que sé cómo enfrentar la ansiedad, el temor y las presiones que acompañan a la vida en este lado del cielo. Mi meta final ahora es vivir en unión tranquila con Jesucristo, y por medio de Su fortaleza, estoy más cerca de Él que nunca antes.

Llegar a ser la obra maestra que Dios creó es un proceso de toda la vida en que Él continuamente nos da forma para convertirnos en un reflejo único de Su Hijo. Es mi oración que usted adopte cada uno de estos principios de manera total, y que al hacerlo, descubra la vida extraordinaria que Dios ha planeado para usted.

Al final de cada capítulo, usted encontrará sugerencias para lecturas bíblicas, oraciones y un lugar para registrar sus pensamientos con respecto a los principios enseñados. También le animo a visitar el Instituto para la Vida Cristiana de Charles Stanley en www.institutocharlesstanley.com, donde encontrará un estudio en mayor profundidad de los principios que se hallan en este libro, así como también numerosos cursos sobre los fundamentos de nuestra fe. Cuando usted se registre en nuestro sitio en la red, aproveche la oportunidad para compartir conmigo acerca de su peregrinaje personal y para compartir con otros cristianos alrededor del mundo.

Introducción

Su vida como una obra maestra

El 12 de abril de 1945, el Presidente Franklin Delano Roosevelt se encontraba posando para un retrato en la Pequeña Casa Blanca en Warm Springs, Georgia, cuando de repente murió de una hemorragia cerebral. El «Retrato Inconcluso», como se le llama, permanece sobre su caballete mirando hacia el mundo tal y como se encontraba cuando la artista Elizabeth Shoumatoff dejó su pincel al presenciar el colapso del presidente. El retrato en acuarela del presidente muestra a un hombre de gran fortaleza y determinación internas. Sin embargo, las fotografías tomadas días antes que se colocaron junto al lienzo de la artista a modo de referencia, revelan a un hombre muy diferente, un líder nacional que pasaba por una fuerte prueba emocional y física a causa de la carga política que llevaba.

Más tarde, Madame Shoumatoff reanudó su trabajo en el retrato del presidente. Sin embargo, ella no eligió terminar la acuarela que había empezado originalmente, puesto que había quedado completa por derecho propio. Más bien pintó un cuadro nuevo, una versión agraciada del Presidente Roosevelt que representaba su confianza y su carisma. No vemos defectos visibles en su retrato, sino más bien a un hombre de integridad, valor y convicción que impactó al mundo en que vivió de manera profunda.

¿Se pregunta usted alguna vez qué revelaría un retrato suyo? Si un pintor honesto y hábil hiciera su retrato ahora mismo, ¿qué vería el mundo? ¿Integridad, valor, convicción? ¿O deshonestidad, temor y duda? La mayoría de las personas viven detrás de una fachada, si es que se le puede llamar así, no muy diferente al segundo cuadro del Presidente Roosevelt, la cual solo revela una parte de quiénes son. Por temor al rechazo, esconden sus defectos del mundo e incluso de sí mismos.

Gracias a Dios hay una persona, Aquél quien más importa, que ve todos nuestros defectos y fallas y aun así nos ama completamente, tal y como somos. Así como Madam Shoumatoff decidió centrar su atención en la belleza interior del sujeto a quien pintó, Dios ve en cada uno de Sus hijos la redención y la promesa ganada por Su Hijo en el Calvario. Usted es Su obra maestra, una obra concebida en gracia y amor. Además, si usted se lo permite, Él pintará los colores de su vida de tal manera que Él sea glorificado. «Porque somos hechura suya, creados en Cristo Jesús para buenas obras, las cuales Dios preparó de antemano para que anduviésemos en ellas» (Efesios 2.10).

Por medio de la amorosa gracia de Dios, cada uno de nosotros fuimos creados a la imagen de Cristo. Aunque nuestras vidas, desde una perspectiva humana, siguen en el lienzo, Dios ha visto el retrato final. Él tiene ojos eternos, y sabe exactamente qué partes de nuestras vidas requieren Su mayor atención. Cada frustración, cada decepción y cada gozo tienen su propósito. «Y sabemos que a los que aman a Dios, todas las cosas les ayudan a bien, esto es, a los que conforme a su propósito son llamados» (Romanos 8.28).

Para muchos, éste es un concepto difícil de entender. Quizá usted vea que su vida está incompleta, muy similar al retrato inconcluso del Presidente Roosevelt, pero Dios le ve a usted desde una perspectiva totalmente diferente. Cuando Él ve la vida suya, ve a una persona de valor incalculable y de gran promesa.

LA VERDAD ACERCA DE QUIÉN ES USTED EN CRISTO LE LIBERTARÁ

Allá por los años 50, yo solía ver un programa de televisión llamado *Riley's Life* [La vida de Riley], y tal vez algunos lectores sean lo suficientemente viejos como para recordar haberlo visto. La idea era representar una vida que todos quisiéramos experimentar. Durante los créditos de apertura, se mostraba al protagonista de la serie acostado plácidamente en una hamaca, con los brazos doblados detrás de su cabeza, mientras que los demás se apresuraban a cortar el césped y a limpiar el jardín detrás de él. Sin embargo, al desarrollarse la historia, los espectadores rápidamente veían cuan impredecible y graciosa puede ser la vida. De alguna manera, Riley siempre salía invicto e ileso del episodio, de vuelta a su deliciosa hamaca.

El problema es que Riley solo era un personaje de la televisión creado por un grupo de talentosos escritores, actores y directores. Trágicamente, muchas personas han pasado toda su vida tratando de vivir la vida de Riley. Acuden al dinero y a los amigos para alcanzar la realización que sólo Dios puede ofrecer y se desilusionan cuando se sienten vacíos por dentro.

La realización en un sentido material no garantiza que la sed interior que mora en lo profundo de nuestras almas sea satisfecha. Esto se debe a que la realización verdadera no viene como resultado de poseer una gran casa, conducir un automóvil nuevo, o tener dinero en el banco. La verdadera realización es resultado de una relación personal con Jesucristo.

Algunas de las personas más ricas en el mundo son las más solitarias. Usan su dinero para viajar y para comprar todo lo que sus corazones desean, pero su búsqueda de la verdadera felicidad no cesa. Muchos de ellos creen equivocadamente que la auténtica realización está a una fusión financiera de distancia, cuando lo que en realidad necesitan es una fusión del corazón y del alma.

Salomón escribió: «Engrandecí mis obras, edifiqué para mí casas, planté para mí viñas; me hice huertos y jardines, y planté en ellos árboles de todo fruto... Me amontoné también plata y oro, y tesoros preciados de reyes y de provincias... Y fui engrandecido y aumentado más que todos los que fueron antes de mí en Jerusalén... No negué a mis ojos ninguna cosa que desearan, ni aparté mi corazón de placer alguno, porque mi corazón gozó de todo mi trabajo... Miré yo luego todas las obras que habían hecho mis manos, y el trabajo que tomé para hacerlas; y he aquí todo era vanidad y aflicción de espíritu, y sin provecho debajo del sol» (Eclesiastés 2.4-11).

En sus mejores momentos, la vida no deja de tener problemas y dolores, pero aun así abarca la plenitud de experiencias que llevan hacia una sabiduría y conocimiento más profundos de la gracia de Dios. A través de las pruebas de la vida, nuestro Padre celestial nos enseña, nos dirige y nos moldea para llegar a ser personas verdaderamente gloriosas. Salomón escribió: «Fíate de Jehová de todo tu corazón, y no te apoyes en tu propia prudencia. Reconócelo en todos tus caminos, y él enderezará tus veredas. No seas sabio en tu propia opinión; teme a Jehová, y apártate del mal» (Proverbios 3.5-7).

Cuando ponemos nuestra confianza en Cristo, en esencia nos abandonamos a Él y por voluntad propia soltamos aquellas cosas que cautivan nuestra atención carnal. Acordamos con Dios resistir la tentación de dejarnos envolver por los afanes de nuestra sociedad.

Las posesiones materiales, la seguridad financiera y las relaciones no pueden llenar los profundos e inquietantes vacíos que acompañan a la vida. Jesús sabía que la poderosa sed en nuestros corazones fácilmente cede ante los deseos egoístas. Ésta es la razón por la que dijo a Sus discípulos: «Mas buscad primeramente el reino de Dios y su justicia, y todas estas cosas os serán añadidas» (Mateo 6.33).

Todo lo que usted jamás necesitará ya es suyo en Jesucristo. Entregarse a Él no significa que terminará con menos. Significa que saldrá con lo mejor. Cuando nos entregamos a Dios, Él siempre da mucho más a cambio. Sin embargo, puede ser que Sus dividendos no incluyan una casa en la playa, una cabaña en las montañas y una mansión en la ciudad. Algunas de las personas más felices que he conocido son aquellas que tienen menos y sin embargo, son ricas espiritualmente y estables en sus emociones, todo porque han aprendido a poner su confianza en algo que nunca nadie les podrá quitar: Una relación amorosa con el Señor Jesucristo (Lucas 10.42).

Puede que usted sea un cristiano que va a la iglesia fielmente, que ora a diario, y que incluso da con generosidad. Pero si usted pone su confianza en su propio intelecto y poder en vez de confiar en Dios, está interponiéndose en la bendición más elevada de Él para su vida. Sin importar cómo nos veamos ante los demás, Dios ve cada aspecto de nosotros. Él sabe cómo se ve el retrato original.

Él ve su vida de principio a fin, y porque le ama, Él obra todas las cosas en su vida y a través de ella para Su gloria. Muchas veces, lo que a usted le parece algo doloroso por fuera, en realidad es Dios obrando desde dentro para que usted ya no dependa más de sí mismo y en últimas, para acercarle más a Él. Su meta principal no es engrandecerle sino amarle grandemente, experimentar comunión íntima con usted y prepararle para la eternidad.

Usted es Su obra maestra, y Él ha dado Su Palabra como testimonio del amor y del gozo que tiene por usted. Sofonías 3.17 dice: «Jehová está en medio de ti, poderoso, él salvará; se gozará sobre ti con alegría, callará de amor, se regocijará sobre ti con cánticos».

Dios se regocija en usted aunque sabe que su vida todavía está en el proceso de llegar a ser lo que Él ha planeado, aunque usted todavía no es lo que será cuando entre en Su eterna presencia. Hasta ese momento, Él seguirá moldeando su vida, conformándole a la imagen de Su Hijo.

En medio de la incertidumbre y las presiones que le rodean, Jesús está a su lado para fortalecerle y animarle. Cuando sus ojos estén fijos en Él y no en el mundo a su alrededor, comenzará a ver la vida de una manera diferente. En vez de luchar por vivir de acuerdo a los estándares de los demás, el Espíritu Santo le enseñará a permanecer en las cosas de Dios, las cuales son puras y honran a Jesucristo.

Esto no significa que usted no sentirá rechazo o soledad. Jesús los sintió, y sin embargo, la meta de cumplir la voluntad del Padre siempre estuvo delante de Él. Él sabía que para completar Su misión, tendría que soportar las pruebas de la vida. Para Jesús, esto significó la Cruz y la muerte física.

Usted puede andar en victoria porque Jesús es su ejemplo y Su Espíritu vive dentro de usted. ¿Cómo podría Él siquiera soportar el peso de todos nuestros pecados y aún así seguir victorioso? Dios le había dado una perspectiva eterna; Él sabía que la resurrección era un hecho consumado. Y luego de tres días resucitó para andar en victoria. Esta es la misma fuerza y el mismo poder que Dios le da a usted a través de la presencia del Espíritu Santo (Romanos 8.11).

Dios usa cada frustración, cada temor, y cada sentimiento de desesperanza como los colores en la paleta de un artista para llevar su vida hacia su culminación. Las penurias, por muy difíciles que sean, nos recuerdan nuestra necesidad del Padre y nos hacen ir en pos de Él, a quien pertenecemos. Un día, usted verá la maravilla y el esplendor de la obra de Dios y comprenderá el propósito detrás de cada una de las pruebas por las que pasó. Al igual que un artista que mezcla colores tanto oscuros como claros a fin de lograr un bello retrato, Él obrará en su vida para crear una gran obra maestra.

En Deuteronomio, Dios nos da un principio espiritual que nos sirve como brújula: Nuestra identidad debe basarse en Cristo. ¿Apunta su corazón hacia Dios, o está centrado en deseos egoístas? «... Haz lo recto y bueno ante los ojos de Jehová, para que te vaya bien, y entres y poseas la buena tierra que Jehová juró a tus padres ...» (6.18)

«Y te amará, te bendecirá y te multiplicará, y bendecirá el fruto de tu vientre...», escribió Moisés (Deuteronomio 7.13). Este es el resultado de la obediencia. Aunque este principio le fue dado a Israel, también es un mandamiento que debemos acatar. Cuando usted declara su amor por el Señor y le rinde su vida a Él, el Señor le bendecirá, le guiará y dará un sentido de sincera realización a su corazón.

Lectura Bíblica Sugerida

EFESIOS 2.10; ROMANOS 8.11–28; ISAÍAS 29.16;
ECLESIASTÉS 2.4–11; PROVERBIOS 3.5–7;
MATEO 6.33; y LUCAS 10.42.

Oración

Padre, quiero llegar a ser la obra maestra que deseas que yo sea. Te pido que me ayudes a renunciar a mi independencia y mi lucha por afirmación mundana y verte a Ti como la fuente de mi valía. Por favor, crea en mí un nuevo corazón y una verdadera comprensión de mi posición en Cristo Jesús.

RECURSO PARA
LOS PRINCIPIOS
DE LA VIDA

Diario

- ¿Con qué propósito le creó Dios?

_____

_____

_____

_____

- ¿Cuál es la verdadera fuente de su identidad? ¿Cuál debería ser?

_____

_____

_____

_____

- ¿Qué pasos debe dar hoy para conocer más a Cristo?

_____

_____

_____

_____

Encuentre más información acerca del plan de Dios
para rehacer su vida y sus prioridades en
www.institutocharlesstanley.com hoy mismo.

RECURSO PARA
LOS PRINCIPIOS
DE LA VIDA

PRINCIPIO
1

LA ENTREGA COMPLETA A DIOS TRAE UNA VIDA COMPLETA

Recientemente escuché una historia divertida que ilustra el tema profundo de la entrega. Hace algún tiempo, una estación de radio informó acerca del robo de un automóvil Volkswagen modelo escarabajo en California. La policía montó una intensa búsqueda del vehículo y del hombre que lo robó, al punto de poner avisos en las estaciones de radio locales para informar sobre su paradero. En el asiento delantero del vehículo robado había una caja de galletas saladas que el ladrón ignoraba; habían sido rociadas con veneno. El dueño del automóvil había tenido la intención de usar las galletas como cebo para ratas. Resulta que la policía y el dueño del automóvil estaban más interesados en apresar al ladrón para salvarle la vida que para recuperar el vehículo. Pero el ladrón, sin darse cuenta de las intenciones de ellos, huyó de las mismas personas que procuraban ayudarlo.

No sé si la historia es verídica, porque a veces la verdad es más extraña que la ficción, pero sí nos ilustra una verdad importante. Huimos tanto de Dios a fin de escapar de Su castigo, que en realidad lo que estamos haciendo es eludir Su rescate.

Dios es omnisciente y sabe absolutamente todo acerca de nosotros. Él está al tanto de lo que hemos hecho en el pasado y lo que haremos en el futuro. Lo maravilloso acerca del amor de Dios es que nunca cesa. Nos ama hoy lo mismo que nos amó ayer, y Su amor por nosotros no cambiará mañana. Cuando sentimos como que hemos fallado en la vida, Dios viene a nosotros y levanta un estandarte de esperanza a nuestro favor. «Y la esperanza no avergüenza; porque el amor de Dios ha sido derramado en nuestros corazones por el Espíritu Santo que nos fue dado» (Romanos 5.5).

Con esta verdad en mente, debemos preguntar por qué tantas personas terminan viviendo vidas menos que productivas. La respuesta radica en nuestra capacidad para aceptar y aplicar una verdad crucial en nuestros corazones: Es el amor incondicional de Dios lo que nos cambia y trae una realización duradera. Tan pronto entendemos y aceptamos que no hay amor más grande que el amor de Dios, estamos listos para dar el primer paso hacia la vida extraordinaria.

¿Qué metas espera alcanzar? ¿Qué sueño ha puesto Dios en su corazón que usted anhela ver hecho una realidad? A pesar de sus temores e inseguridades, usted sí puede realizar estos anhelos. Existe una manera de vivir todos los días realizados, satisfechos y bendecidos.

Muchas personas están estancadas en una rutina, incapaces de buscar una vida mejor. Quizá estén temerosos de lo que encontrarían si ven en lo profundo de su ser. Tal vez le temen al fracaso. Lo que es peor, le temen al éxito. Particularmente en los círculos cristianos, nos enseñan a rehuirle al éxito excesivo, pero la falsa humildad nunca hace a una persona más espiritual. Dios nos creó a cada uno de nosotros a la imagen radiante de Su Hijo Jesucristo y Su poder existe dentro de nosotros. Sólo tenemos que hacernos a un lado y dejar que nuestro Maestro lo produzca.

LA PERMANENCIA EN CRISTO

Años atrás, caí víctima de la trampa de la preocupación, del apuro y del afán. En el centro de mi vida tenía la creencia de que para tener éxito en la vida cristiana, el enfoque de una persona debe estar puesto en Jesucristo. Sin embargo, en mi propia vida estaba trabajando horas extras para agradar a Dios. Finalmente, llegué a un extremo de agotamiento. Dios usó el testimonio de Hudson Taylor para ministrarme.

Este gran misionero a la China llegó a un punto de fatiga espiritual. En una carta a su madre, Taylor escribió: «Mi propio cargo requiere cada vez más y más responsabilidad, y mi necesidad de gracia especial para cumplirlo se hace más grande, pero continuamente tengo que lamentar que sigo a tan gran distancia y que aprendo tan lentamente a imitar a mi precioso Maestro. No puedo decirte cómo algunas veces soy zarandeado por la tentación. Nunca supe qué tan malo era mi corazón, pero sé que amo a Dios y que amo Su obra, y sólo deseo servirle en todas las cosas... Ora por mí. Ora para que el Señor me guarde del pecado, me santifique totalmente, y me use más grandemente en Su servicio».[1]

El versículo que Dios usó para cambiar la vida de Taylor fue Gálatas 2.20: «Con Cristo estoy juntamente crucificado, y ya no vivo yo, mas vive Cristo en mí; y lo que ahora vivo en la carne, lo vivo en la fe del Hijo de Dios, el cual me amó y se entregó a sí mismo por mí».

Cuando una persona acepta a Cristo como su Salvador, su vieja naturaleza de pecado queda crucificada, pero Dios no le deja en un estado crucificado. Es por esta razón que vino Jesucristo. Él murió por nuestros pecados y ahora nos ofrece vida nueva que es abundante y plena. Cuando Hudson Taylor cambió su propia vida pecaminosa y atada a lo terrenal por Cristo, fue liberado para experimentar toda la bondad de Dios.

Juan 15 se convirtió en una realidad para él, y al leer su historia, también se convirtió en una realidad para mí: «Permaneced en mí, y yo en vosotros. Como el pámpano no puede llevar fruto por sí mismo, si no permanece en la vid, así tampoco vosotros, si no permanecéis en mí. Yo soy la vid, vosotros los pámpanos; el que permanece en mí, y yo en él, éste lleva mucho fruto; porque separados de mí nada podéis hacer». (vv. 4-5)

La persona que permanece en el Señor ya no vive para sí sino para Jesucristo. Al meditar en estos versículos, descubrí que *no* era mi responsabilidad luchar por cosa alguna. Mi parte era rendirle mi vida a Dios y permitirle que viva Su vida a través de mí. Al descubrir esto, se levantó un enorme peso de mi vida. Una paz diferente a cualquier otra que hubiera sentido jamás llenó mi vida. La energía y la fortaleza que la vida de Jesucristo derrochaba eran ahora mías.

En nuestra permanencia, descubrimos que Dios toma nuestros pensamientos y los conforma a Su voluntad y propósito. Él agudiza nuestros talentos, purifica nuestras mentes y nos prepara para el servicio en Su reino. Nuestros tesoros, las cosas que tenemos en gran estima, se convierten en ofrendas de alabanza y adoración a Él. Los sentimientos de rencor y amargura se desvanecen porque recibimos Su amor y perdón para experimentarlos y disfrutarlos como nuestros. Podemos descansar porque Dios tiene el control de todas las cosas. En esencia, Él re-enfoca nuestra visión espiritual para verle sólo a Él y no aquellas cosas que nos hacen sentir temor e inseguridad.

Cuando regresamos a los aspectos fundamentales de nuestra fe, todo lo que hacemos, decimos y creemos es resultado de nuestro amor y confianza en Jesucristo. Podemos aprovechar al máximo las oportunidades que Él nos brinda porque sabemos que tiene un plan y un propósito para nuestra existencia (Jeremías 29.11).

Yo animo con frecuencia a la gente de mi congregación a que escriban una declaración de misión para sus vidas, y usted debe hacer lo mismo. Pídale a Dios que le muestre cómo quiere Él que usted viva su vida. Nunca se es demasiado joven o demasiado viejo para establecer metas teniendo la misión divina en mente. Cada persona que dedica su vida a Dios recibe un papel valioso a desempeñar en Su reino.

Puede ser que no nos demos cuenta del impacto de nuestras vidas en los demás. Sin embargo, Dios sí se da cuenta. Todo lo que busca es vasos dispuestos, y Él hará el resto. Pregúntele: «Señor, ¿cómo quieres que invierta el resto de mi vida?» Puede que involucre algo diferente a su vocación, ya que un empleo puede o no coincidir con el propósito de su vida. Esto se debe a que somos llamados a ser discípulos de Cristo en *cada* área de la vida. Pedro, Andrés y Juan pasaron tres años con el Salvador. Durante este tiempo, Jesús echó un fundamento básico para sus vidas. Había una definición eterna en sus vidas porque caminaban y hablaban con el Salvador cada día. Uno de los aspectos básicos de la vida cristiana es el acto de pasar tiempo con Cristo. Cuando nuestras vidas y corazones están enfocados en Él, descubriremos Su propósito.

A menudo, las personas quedan atrapadas en la pregunta, *¿Qué es lo que Dios quiere que haga?* Su Palabra dice: «Fíate de Jehová de todo tu corazón, y no te apoyes en tu propia prudencia. Reconócelo en todos tus caminos, y él enderezará tus veredas» (Proverbios 3.5-6). Cuando usted se compromete a andar con Dios, Él le colocará en el puesto que quiere que usted ocupe. Es una cuestión de simple y básica confianza en Dios.

Nunca se sienta culpable por regresar a los aspectos básicos de su fe. Algunos líderes cristianos que conozco me han dicho que cuando se encuentran en un período de sequedad, regresan a los aspectos básicos de su fe en Dios. Dedican tiempo adicional a estar a solas con el Señor y escuchar Su voz de aliento. Practican el estar en Su presencia así se encuentren en medio de una multitud de personas.

Existen una paz y un reposo que permanece en lo profundo de la vida de aquellos que sueltan los deseos egoístas lo suficiente como para experimentar la realidad de la bondad de Dios. Aprender a permanecer en vez de esforzarse por alcanzar algo nos enseña a poner nuestra confianza en alguien que sabe mucho más que nosotros en cuanto a la vida y a lo por venir. Una vez que usted haya experimentado la bondad de Dios, nunca querrá regresar a una vida de lucha y de ímpetu personal.

Usted querrá saber más acerca de su Salvador y cómo su vida puede reflejar Su amor y gracia hacia los demás de una manera más efectiva. Mateo lo dejó todo por seguir a Jesús. Por años, la caja de dinero que contenía los impuestos que él cobraba había sido su fuente de apoyo financiero. Cuando Jesús lo llamó, lo dejó todo. Su tiempo se convirtió en el tiempo de Dios. Ya no le pertenecía. ¿Cuál es su deseo más grande? La Biblia nos dice que donde esté nuestro tesoro, allí estará también nuestro corazón (Mateo 6.21).

Luego de su descubrimiento de la vida que permanece, Hudson Taylor le escribió a su hermana: «El mes pasado o antes aún ha sido tal vez la época más feliz de mi vida, y anhelo contarte un poco de lo que el Señor ha hecho por mi alma. No sé hasta dónde pueda hacerme entender en cuanto a esto, por cuanto no hay nada que sea nuevo, extraño o maravilloso al respecto, y sin embargo, ¡todo es nuevo! En una palabra, "habiendo yo sido ciego, ahora veo". La parte más dulce... es el descanso que trae esa identificación total con Cristo. Ya no estoy ansioso por nada, ya que me doy cuenta de esto, por cuanto sé que Él puede llevar a cabo Su voluntad, y Su voluntad es mía. No importa dónde Él me coloque o cómo. Esto es algo que le corresponde considerar más a Él que a mí, por cuanto en los puestos más fáciles Él debe darme de Su gracia, y en los más difíciles, Su gracia es suficiente».[2]

Aunque Hudson Taylor llegó a darse cuenta de esta gran verdad, su vida no estuvo libre de problemas. Las pruebas vendrán, pero debemos recordar que están limitadas por la omnipotencia de Dios. Cuando golpean, Él está con nosotros en medio del viento y de la furia, del dolor y del sufrimiento. Nunca hay un momento en que nos deje resolver los asuntos por nuestra cuenta.

Es posible que usted haya sido cristiano por años, pero por alguna razón está experimentando una sensación de irrealidad con Dios.

Pídale al Señor que saque a la superficie cualquier cosa en su vida que necesite rendirle a Él. Es posible que la devoción y la confianza suyas se hayan desviado. Esto es lo primero que necesita tratarse. Ore para que Dios renueve su corazón y dé refrigerio a su espíritu al buscar Su consejo para su vida.

Si nunca ha recibido a Cristo como su Salvador, usted puede cambiar su vieja manera de vivir por una vida nueva y victoriosa. Dígale que quiere hacer suya la vida de Él, y acepte Su muerte en la cruz como paga suficiente por sus pecados. Al hacerlo, estará de acuerdo con Él en que no hay nada que usted pueda hacer por sus propias fuerzas para salvarse. Es a través de la fe en el Hijo de Dios que usted es salvo.

Una vez que usted haya hecho esto, estará listo para comenzar con los aspectos básicos de la fe cristiana, como llegar a ser un mayordomo sabio de su tiempo, pensamientos, talentos y tesoros. Comprometa sus deseos, esperanzas y sueños a Dios, y quedará asombrado de la manera en que Él obra reuniéndolo todo para el bien de usted y para Su gloria.

NUESTRO MAYOR PRIVILEGIO

De todas las personas que usted ha conocido, ¿a quién cree usted que tiene el mayor privilegio de conocer? Tal vez se trate de un compañero de trabajo admirado, de algún abuelo o abuela preciosos, o de algún amigo o amiga piadosos. Con todo lo especial que tales personas podrían ser, nuestro privilegio supremo es conocer a Dios.

Una relación personal con el Señor soberano del universo es una oportunidad sin paralelo y un tesoro eterno. Ninguna otra cosa en la existencia humana, ninguna experiencia, amistad o conocimiento, puede traerle paz, gozo, realización o seguridad duraderos. Nada más puede ofrecerle tampoco vida eterna.

El apóstol Pablo reconoció que hasta los logros de mayor estima palidecen en comparación con «...la excelencia del conocimiento de Cristo Jesús...» (Filipenses 3.7-8). Le consumía el deseo de conocer al

Dios que había transformado su ser desde lo más profundo. En contraste, muchas personas pasan por la vida sin siquiera conocerlo. Llegan al final de sus días como incrédulos, sin haber logrado descubrir el propósito para el cual fueron creados, y perdiéndose las bendiciones que Dios tenía reservadas para ellos. ¡Qué tragedia!

¿Por qué las personas no logran conocer a su Creador? Para comenzar, muchas personas viven en oscuridad, inconscientes que hay un Dios verdadero a quien Jesucristo vino a revelar. Por alguna razón, nunca fueron expuestos a la predicación del evangelio, un problema quizá más frecuente en sociedades no cristianas, pero que en ningún modo se limita a éstas. Incluso es común dentro de los muros de muchas iglesias.

Otra razón es la falta de interés en Dios. Con los teléfonos celulares, los televisores, las radios y las computadoras, estamos abrumados con información, pero no somos más sabios de lo que éramos cuando carecíamos de tales herramientas. Convencidos que el acceso a la información es igual al conocimiento, con frecuencia reemplazamos la verdadera sabiduría con trivialidades. Incluso si tiene la pared cubierta de diplomas, a menos que conozca a Jesucristo como su Salvador personal, usted es ignorante en cuanto a lo más importante en la vida. No se puede conocer a Dios sin conocer a Cristo (Juan 14.7).

Conocer a Dios involucra un costo, y algunas personas simplemente no están dispuestas a pagar el precio. En demasiados casos, una vez que las personas son salvas, quedan satisfechas y no están interesadas en invertir tiempo en las Escrituras y en la oración para conocer al Padre más profundamente. Para que cualquier relación crezca, debemos pasar tiempo comunicándonos, escuchando, y haciendo un esfuerzo por comprender más acerca de la otra persona.

¿Realmente quiere conocer a Dios? La manera de hacerlo es conociendo a Cristo: Recíbalo como su Salvador, quien pagó completamente la deuda de su pecado. Luego acepte Su invitación a pasar tiempo en conversación privada. Él quiere su atención total por un rato.

EL PROPÓSITO DE DIOS ES QUE USTED MANIFIESTE LA VIDA DE JESUCRISTO

La realización plena es resultado de la presencia de Dios que vive dentro de usted a través de Su Espíritu Santo que mora en su interior. Todo lo que usted hace en la vida refleja Su bondad y misericordia. Pero, ¿cómo se llega a un punto de verdadera realización? Primero, usted debe entender que la realización no es una cuestión de posición o de poder. Es una cuestión de amar a Dios y permitir que Él le ame a usted. Todo lo que necesita para sentirse realizado es que Jesucristo viva dentro de usted. Usted es un hijo o hija amada de Dios, un heredero legítimo a Su trono. No hay llamamiento más elevado que éste, y no hay posición más elevada que el lugar que usted tiene en Su familia. Sinceramente, como cristiano, usted tiene tanto la autoridad como el poder. Aunque a veces parezca que la vida haya perdido su sentido de emoción y usted ya no anticipe expectante el futuro, no debe conformarse con menos. Usted puede sentirse realizado en este mismo momento.

Antes de Su muerte, Jesús aseguró a Sus discípulos que nunca los dejaría. «No os dejaré huérfanos; vendré a vosotros» (Juan 14.18). Su promesa se aplica a los seguidores de hoy tanto como se aplicó a Sus compañeros. Tres días después de la crucifixión, Él resucitó de la tumba. Hoy vive dentro de aquellos que hacen una simple oración como esta: «Padre, confieso que necesito al Salvador. He pecado, y mi vida está vacía y sin esperanza. Sé que el Señor Jesús es la esperanza de toda la humanidad. Te pido que perdones mi pecado y me des una nueva oportunidad de vivir mi vida para Ti. Anhelo vivir la vida a plenitud, y me doy cuenta que esto comienza cuando te rindo mi vida. Te pido que me des una nueva vida. Oro en el nombre de Jesús».

Dios diseñó su vida para gloria Suya. Aun antes que usted le conociera en persona, Él ya le conocía de manera íntima. «Porque yo sé los pensamientos que tengo acerca de vosotros, dice Jehová, pensamientos de paz, y no de mal, para daros el fin que esperáis» (Jeremías 29.11). Cuando nos rendimos a Dios, cambiamos nuestros pensamientos, sentimientos y deseos por otros nuevos. La fe es la única manera en que podemos hacerlo. Por fe creemos que Dios es quien dice que es y que hará exactamente lo que ha prometido.

Todavía podemos alcanzar nuestras metas, superar nuestros fracasos y disfrutar del éxito, pero por una razón diferente. En vez de alardear de lo que hayamos alcanzado con nuestras propias capacidades, podemos disfrutar de lo que Dios nos ha dado en abundancia. Nuestras vidas se convierten en un reflejo de Su vida y amor en vez de una lista de logros humanos.

Ríndase a Dios. La realización sólo viene cuando usted decide amar a Dios y darle todo de sí. Esto no significa que usted se conforme con el segundo lugar o que deje de hacer aquello para lo que se capacitó. Más bien, usted llega a un punto en el que le pide Dios que le use al máximo para que los demás lleguen a conocerlo y experimentar Su perdón y amor incondicional. Aquellos que jamás han descubierto el maravilloso gozo que viene de amar y servir a Dios, todavía les falta experimentar Su realización eterna.

Dios tiene un gran plan para su vida, una vida que es excepcional. Cuando usted confía y busca sólo a Dios, Él le enseñará cómo vivir por encima de las circunstancias. Cada uno de nosotros ha sido bendecido con un don espiritual que puede ser usado para la gloria y la obra de Dios. Rendirnos a Él es el primer paso en el proceso de descubrir ese don y el maravilloso propósito para nuestra vida.

La comprensión que tiene de *quién* es usted es el timón que dirige casi todo lo que usted hace. Usted debe creer la verdad acerca de quién dice Dios que usted es: Una auténtica obra maestra. El saber quién es y para qué fue creado cambiará sus nociones de valor propio basadas en el comportamiento, a una mansa certidumbre sostenida por el infinito amor de Dios. La Biblia nos dice que si alguien está en Cristo, es una nueva criatura; las cosas viejas pasaron, y son hechas nuevas (2 Corintios 5.17).

Usted es la creación de las manos de Dios: Su huella está en usted, y Él quiere que usted sea un reflejo de Su gloria y carácter. «Por tanto, nosotros todos, mirando a cara descubierta como en un espejo la gloria del Señor, somos transformados de gloria en gloria en la misma imagen, como por el Espíritu del Señor» (2 Corintios 3.18). Él quiere que usted entienda por qué fue creado (y luego «re-creado» a través de Cristo), así como también su propósito en esta vida. Cuando usted entienda cuánto le ama Dios y la grandeza de su propósito, será infundido de vigor para vivir para Dios a través de Su poder.

Su identidad está segura gracias a Quien vive dentro de usted, no por lo que usted haga o deje de hacer. Muy pocos de nosotros, si acaso alguno, buscamos una existencia mundana. Más bien, anhelamos experimentar la vida de una manera grandiosa. La gran abundancia de «reality shows» en la televisión (programas que muestran a personas en situaciones de la vida real) es una evidencia indiscutible de que las personas anhelan algo más grande que las vidas ordinarias que llevan. Puesto que queremos crecer emocional e intelectualmente, constantemente buscamos nuevas maneras de ampliar nuestra visión y disfrutar más de la vida. Sin embargo, los retos de los deportes extremos, las vacaciones exóticas y las emociones hedonistas prometen más de lo que pueden dar.

Sólo hay un antídoto para el hambre espiritual. Dios también quiere que experimentemos realización permanente. Él nos creó para la excelencia, y desde Su perspectiva, nuestras vidas representan posibilidades infinitas. No importa cuántas veces erremos el camino, Dios sabe cómo poner nuestras vidas en una nueva dirección y colocarnos otra vez en el camino correcto. Él es quien nos ofrece oportunidad tras oportunidad. En otras palabras, Él es el Dios que nos da una segunda, tercera, cuarta oportunidad, es el único que nos da infinitas oportunidades.

EL SABUESO DEL CIELO

El poeta Francis Thompson, un ex-adicto al opio, escribió acerca de su encuentro con el Señor. Describió a Dios como el «sabueso del cielo» que lo perseguía por cada calle y callejón de su vida y de su mente hasta que se rindió a Cristo y finalmente encontró la paz. Si usted huye de Dios, Él le montará la persecución; si usted lo evita, Él perseverará tras de usted, y si usted se esconde, Él lo encontrará. El mensaje de Dios a nosotros siempre es profundo y personal, y merece nuestra completa atención. ¿Por qué? Él ha trazado un curso perfecto para nuestra vida. Ya que conoce el futuro completamente, Él ve cuando nuestros propios planes no se alinean con los Suyos. Tan pronto empecemos a desviarnos de Su curso, Él tomará varias medidas para captar nuestra atención y protegernos de cualquier daño.

Como cristianos, nos incumbe ser viajeros despabilados, alertas a la voz de nuestro Maestro en el peregrinaje por la vida. Debemos andar en el Espíritu, lo que significa ser receptivos y responder a la instrucción de Dios, sin importar cómo elija hablarnos. También debemos saber cómo distinguir entre Su voz y la de los demás que compiten por nuestra atención, como las opiniones de nuestros colegas, las actitudes rebeldes o los deseos del mundo.

Demasiadas veces, la sabiduría del Señor se ve apagada por el clamor de la vida diaria. Con frecuencia comenzamos con la agenda de Dios pero nos adelantamos tanto por cuenta propia que ya no podemos escuchar Su voz. Al optar por hacer las cosas a nuestra manera, perdemos contacto con nuestro único Guía verdadero.

El objetivo de Dios al comunicarse con nosotros es que lleguemos a conformarnos a la imagen de Su Hijo y expresar Su amor al mundo. Él habla de cuatro maneras fundamentales: Por medio de Su Palabra, por medio de Su Santo Espíritu, por medio de otra persona, y por medio de las circunstancias en nuestra vida. Lo ideal es que vivamos en tal sintonía con Su voz que escuchemos tan pronto Él hable. Si usted ha sido cristiano por algún tiempo, probablemente lo haya experimentado. Cuando el Espíritu Santo le indujo a ir en otra dirección en medio de algún trabajo o cualquier otra actividad, usted lo percibió de inmediato y supo exactamente qué hacer. Desafortunadamente, no siempre estamos «sintonizados» espiritualmente. Para tales situaciones, Dios tiene varias maneras de captar nuestra atención.

INQUIETUD DE ESPÍRITU

Una de las maneras más simples en que Dios capta nuestra atención es haciendo que nos sintamos inquietos. Cuando el Rey Asuero no pudo dormir, ordenó que le leyeran los registros reales. Como resultado de ello, descubrió que su vida había sido salvada por el tío de Ester. Al querer honrar a Mardoqueo, el rey, sin darse cuenta, puso en movimiento una cadena de eventos que causaron el fracaso de la aniquilación de los judíos planeada por Amán (Ester 6, 7). La nación judía fue salvada porque el rey estuvo alerta cuando Dios inquietó su espíritu.

Si usted experimenta una inquietud en lo más profundo, algo que usted percibe pero que no puede identificar con exactitud, es sabio detenerse y orar: «Señor, ¿estás tratando de decirme algo?» Dios no obra de la misma manera en la vida de todos, pero creo que Su método fundamental para captar mi atención es provocar una inquietud en mí para mostrar que necesito un cambio de dirección. Hay un patrón que salta a la vista cuando leo las antiguas anotaciones en mi diario: Cada vez que Dios estaba por trasladarme de un trabajo pastoral a otro, yo me ponía muy inquieto por unos cuantos meses. Éste es un método muy suave que Dios usa para corregir nuestro curso.

UNA PALABRA DICHA

Otra manera en que Dios capta nuestra atención es por medio de una palabra dicha por medio de otra persona. Para darle un mensaje al sacerdote Elí, el Señor despertó al joven Samuel llamándolo por su nombre (1 Samuel 3.4-8). Al principio, el muchacho no se dio cuenta que era la voz de su Señor. Elí tuvo que instruirlo para que escuchara cuidadosamente porque Dios tenía un mensaje especial para él (versículo 9). El joven Samuel no conocía al Señor tan profundamente como Elí, así que Dios usó al sacerdote para transmitirle una palabra de aliento al muchacho. De una manera similar, Dios también captó la atención de Elí por medio del mensaje que transmitió a través de Samuel (vv. 11-18).

UNA BENDICIÓN FUERA DE LO COMÚN

Una tercera manera en que Dios habla es sin duda, el método preferido por la mayoría de las personas: Bendiciéndonos de una manera poco común. La bendición podría relacionarse con el crecimiento espiritual, las finanzas, el hogar, el trabajo o la salud. Dios no siempre elige este método. Para aquellos que se alejan y se niegan a depender de Él, una bendición abundante probablemente resultaría en mayor independencia y egocentrismo, por lo cual Dios sería totalmente ignorado. Si usted es una persona demasiado independiente, debe estar consciente que tal vez Dios use algún otro método para lograr que usted se centre en Él. No obstante, recuerde que sin importar el método que Él use para captar nuestra atención, éste siempre es una expresión de Su amor.

LA ORACIÓN SIN CONTESTAR

El cuarto método es algunas veces el más duro, ya que Dios contesta hasta las oraciones más fervientes negándonos nuestra petición cuando nuestros deseos no están sincronizados con los Suyos. En 2 Samuel 12.16-18, David le imploró a Dios que salvara la vida de su hijito recién nacido, pero el niño murió. Es importante destacar que Dios ama a todos por igual, pero que tiene propósitos diferentes para cada vida. La muerte del niño fue usada para captar la atención de David en una situación extrema que involucraba al líder de la nación quien había actuado deliberadamente contra la voluntad de Dios.

El pecado es una razón por la que el Señor usará la oración sin contestar para captar nuestra atención. Puede ser que nuestra oración en sí esté en línea con la voluntad de Dios, e incluso que sea exactamente lo que Él quiere hacer. Es posible que el Señor cierre las puertas del cielo y se niegue a contestar dicha oración como una manera de obligarnos a examinarnos a nosotros mismos. Cuando es necesario, Dios usa medidas drásticas, pero nunca debemos creernos con derecho a juzgar a otros creyentes como a nosotros mismos. Esa tarea sólo le pertenece al Señor.

DECEPCIÓN

A veces, Dios usará la decepción para captar nuestra atención. En Números 14, la nación de Israel está al borde de la tierra prometida, lista para tomar posesión de ella. Sin embargo, su «comité» de espías votó diez a dos en contra de poseer lo que Dios había prometido darles en batalla. La Biblia describe Su juicio sobre la nación por su incredulidad. El pueblo reconoció que efectivamente había pecado, pero luego cambió de parecer y quiso entrar en la tierra. Sin embargo, el Señor dijo que no, que ya era demasiado tarde. Si bien debió haber habido una tremenda sensación de decepción y de duelo, Dios ciertamente captó la atención del pueblo. Fue para su beneficio que reveló el error de no confiar en Él. De manera similar, Dios permite hoy algunos reveses para evitar que tracemos nuestro propio curso en vez de hacer Su voluntad.

CIRCUNSTANCIAS EXTRAORDINARIAS

Algunas veces, Dios usará circunstancias inauditas o poco comunes para hacer que nos detengamos y escuchemos. En Éxodo 3.2, Moisés vio una zarza que ardía pero no se consumía. Al acercarse para investigar, el Señor le habló desde la llama. Usted y yo debemos aprender a buscar la presencia de Dios en toda circunstancia de la vida. Él deja huellas de Su trabajo por todas partes a nuestro alrededor, y las reconoceremos más a menudo cuando estemos vigilantes.

DERROTA

Otro método que Dios usa es la derrota. Luego de la apabullante victoria del Señor sobre Jericó, los israelitas se aproximaron a la pequeña ciudad de Hai con exceso de confianza, y no cumplieron con luchar en las fuerzas de Dios conforme a Su plan de batalla (Josué 7). Dios captó la atención de Josué dejándolo fracasar de manera lamentable, pero note que hay una gran diferencia entre fracasar y ser un fracaso. Puede que una terrible derrota demuestre ser el peldaño más grande hacia el éxito cuando somos lo bastante sabios como para preguntar, «Señor, ¿qué me estás diciendo?»

PROBLEMAS FINANCIEROS

En el libro de Jueces, «...cada uno hacía lo que bien le parecía» y la nación cayó en idolatría y desobediencia (Jueces 17.6). Dios trajo juicio por medio de los madianitas, quienes asolaron la tierra dejándola sin ganado ni posesiones. ¿En qué momento los israelitas finalmente clamaron a gritos al Señor? Cuando Él se llevó toda posesión material y el pueblo tuvo que vivir en cuevas y en las montañas para esconderse y salvar sus vidas (Jueces 6.6). Dios sabía exactamente qué se requería para captar la atención del pueblo. Luego que éste se volvió a Él, Dios los libró de su opresor y los bendijo.

TRAGEDIA, ENFERMEDAD Y AFLICCIÓN

Si bien nunca debemos ver la situación de otra persona y especular por qué Dios permitió una calamidad en su vida, debemos considerar nuestras tragedias y aflicciones como razones para preguntarle al Señor: «¿Qué estás tratando de decir?» Cuando el Rey Ezequías se llenó de orgullo, Dios usó la enfermedad para alertarlo del problema (2 Crónicas 32-34). De manera similar, cuando Saulo de Tarso estaba persiguiendo a los cristianos, quedó ciego. ¡Entonces ciertamente el Señor tuvo su atención! (Hechos 9.3-5).

En cualquier momento dado, Dios sabe exactamente dónde se encuentra usted en su andar y sabe precisamente lo que se requerirá para captar su atención, así que esté alerta. Note si está dándose (o volviéndose a dar) alguno de los métodos de Dios en su vida. Pregúntele qué quiere decirle, y luego escuche, no simplemente para oír sino para obedecer. Jesús dijo. «He aquí, yo estoy a la puerta y llamo; si alguno oye mi voz y abre la puerta, entraré a él, y cenaré con él y él conmigo» (Apocalipsis 3.20). Debido a Su gran amor por usted y por Su deseo de darle una esperanza y un futuro, Dios siempre está poniéndose a su alcance.

Lectura Bíblica Sugerida

ROMANOS 5.5; GÁLATAS 2.20; JUAN 15.4-5;
JEREMÍAS 29.11; PROVERBIOS 3.5-6; MATEO
6.21; FILIPENSES 3.7-8; JUAN 14.7, 18; 2
CORINTIOS 3.18; 5.17 y ESTER 6-7.

Oración

Padre, te rindo mi vida hoy, sabiendo que mis obras
no me otorgarán la entrada al Reino de Dios.
Confío únicamente en la sangre de Tu Hijo
Jesucristo para mi fortaleza. Dame un deseo por Ti y
por Tu Palabra y revélame aquellos pecados ocultos
que impiden que me rinda a Ti completamente.

Diario

- ¿Qué significa «ser crucificado con Cristo»?

_____

_____

_____

_____

- ¿Qué podemos aprender a través de la historia de Ester acerca del plan de Dios para nuestras vidas?

_____

_____

_____

_____

- ¿Qué pasos puede dar hoy para rendirse por completo a Dios?

_____

_____

_____

_____

¿Puede confiar lo suficiente en Dios para rendirse
totalmente a Él? Absolutamente. Visite
www.institutocharlesstanley.com hoy para que vea
por qué Dios es digno de su confianza completa.

RECURSO PARA
LOS PRINCIPIOS
DE LA VIDA

PRINCIPIO 2

LA GRACIA DE DIOS ES EL PUNTO DE PARTIDA

Cuando nuestro ministerio inició su ayuda a Rusia, hice un viaje a esa nación que había sido oprimida en el pasado. Mientras estuve allí, decidí visitar la tumba de Vladimir Lenin. Sin embargo, en ese momento las filas de espera eran tan largas que me volví sin poder ver la cámara funeraria del dictador derrocado.

Treinta años después, regresé al lugar y no había filas, ningún turista ansioso por ver los restos de un hombre caído. Me abrí paso a través de una hilera de guardias y quedé parado directamente frente a un letrero en el que se leía «Prohibido Hablar».

Al contemplar el cuerpo sin vida de Lenin, el cual estaba encerrado en un ataúd de vidrio hermético, tuve una sensación de desesperación. Allí, frente a mí, yacía el cadáver de un hombre que adquirió renombre por crear el terror colectivo y los primeros campos de concentración jamás construidos en el continente europeo.

Probablemente, a Lenin se le conozca más por la imposición implacable de sus ideas extremas en toda una nación. Hizo del terror y el derramamiento de sangre los sellos distintivos de su gobierno, pavimentando así el camino para los dictadores que siguieron como Stalin,

Mao, Hitler, y Pol Pot. El régimen de Stalin dejó a su pueblo con los sueños destrozados y sin esperanza de una vida más allá de la lúgubre existencia que le había dado.

Salí de ese lugar y me quedé por un momento respirando el frío aire invernal. De inmediato, mis pensamientos fueron hacia otra tumba, una que estaba vacía pero las multitudes la seguían visitando.

Recordé la vez que visité el sepulcro del Salvador en un viaje a Israel. Había esperado hasta que todos salieran del área, y luego caí rostro en tierra delante de Dios. La quietud del momento no demandaba mi silencio. En vez de ello, demandaba mi alabanza y adoración.

Existe una profunda diferencia entre estas dos tumbas. Una todavía contiene una forma sin vida y la otra está vacía. Un hombre comenzó una revolución que llevó a la depravación, a la destrucción y a la muerte, mientras que el otro comenzó una revolución que continúa hoy, una revolución de esperanza y de vida eterna, una revolución que libera a los cautivos de la esclavitud de las tinieblas espirituales y abre la puerta al amor, al perdón y a la gracia incondicionales.

CRISTO PAGÓ EL PRECIO DE SUS PECADOS

De vez en cuando escucho a alguien decir de manera indiferente: «Bueno, imagino que me iré al infierno cuando muera». ¡Nadie en su sano juicio debería hablar con tanta dejadez! Todos vamos a pasar la eternidad ya sea en el cielo o en el infierno, no existe otra alternativa. No hay un solo versículo en la Biblia que diga que la vida de una persona se anule o aniquile una vez que haya muerto. Permítame decirle esto: ¡Sería mejor nunca haber nacido que morir sin Cristo!

A todos los que conocemos a Jesús como nuestro Salvador personal, Dios nos ha confiado el más formidable y glorioso de los mensajes, al cual absolutamente ninguna otra cosa en la historia se le ha podido comparar. Ese mensaje es simple: Nuestro incondicionalmente amoroso Padre celestial envió a Su único Hijo concebido, Jesús, a este mundo malvado, vil y pecaminoso, para morir en una cruenta cruz romana. Allí, Cristo pagó la deuda por el pecado de toda la humanidad para hacer expiación por nuestro pecado y reconciliarnos con Dios. Cuando usted recibe a Cristo por fe como su Salvador personal, su destino eterno se transforma radicalmente. Un momento estaba usted perdido, y al siguiente, salvo. Antes iba rumbo al infierno; ahora cuenta con un hogar en el cielo.

LA RESURRECCIÓN, UNA RAZÓN PARA REGOCIJARSE

Recuerdo hace varios años que estaba de pie tras el telón durante la obra teatral sobre la Pasión que se realizó en la iglesia durante la Pascua. Al final de cada actuación, yo salía y explicaba por qué confiar en el Señor Jesucristo como Salvador personal puede salvar a una persona del pecado. En escena, Jesús acababa de resucitar, y los discípulos estaban corriendo de vuelta para ver dentro de la tumba. Quedé tan absorto en su emoción que, por un breve momento, quise salir a escena en medio de todos esos actores vestidos a la usanza de hace dos mil años, y ver por mí mismo dentro de la tumba vacía.

Algunos se preguntan por qué celebramos la Resurrección. La razón principal es que Jesucristo, nuestro Señor y Salvador, está vivo. Ningún otro líder religioso que jamás haya vivido y muerto puede hacer semejante afirmación. En realidad, cada líder o celebridad que ha muerto, ya sea en el ámbito de la política, lo académico o las artes, permanece sepultado al igual que Lenin, a menos que su cuerpo haya sido sacado de su tumba por acción del hombre. En muchos casos se rinden honores a sus tumbas como lugares de orgullo nacional o religioso.

Pero, ¿de qué alardeamos los cristianos? Celebramos una tumba vacía porque Aquel a quien amamos, Aquel a quien seguimos, Aquel a quien servimos ya no está allí. Ahora bien, si Jesucristo resucitó de entre los muertos, ¿dónde está ahora? La Biblia nos lo dice con precisión: Él está sentado a la diestra de Dios.

Cuando oramos, Él intercede con el Padre a nuestro favor (Hebreos 7.25). Más aún, sabemos con base en Juan 14 que Jesús está preparando un lugar para usted y para mí en el cielo y que un día estaremos allí con Él (vv. 2-3). Mientras tanto, Él hace los arreglos necesarios para Su retorno.

Según 1 Juan 2.1-2, Jesucristo también es nuestro abogado. Mire, cuando el Hijo de Dios nos salvó, sabía que no viviríamos vidas perfectas y que pecaríamos contra Él. Por eso está entre nosotros y el Padre para presentar nuestro caso. Esta defensa se basa no sólo en nuestra confesión y arrepentimiento para el perdón de los pecados, sino en el hecho de que Jesús mismo entregó Su vida y pagó nuestra deuda por el pecado en su totalidad. Cuando fue a la cruz, sufrió una muerte substitutiva y propiciatoria a favor nuestro, así que podemos estar absolutamente confiados en que nuestros pecados están totalmente perdonados. La salvación no tiene nada que ver con nuestro comportamiento, pero tiene que ver en todo aspecto con la gracia de Dios, el amor de Dios, la bondad de Dios, la misericordia de Dios y la sangre de Jesucristo.

La resurrección de Jesucristo nos ha dado un propósito muy definido para estar vivos. Él nos ha salvado con el propósito de reflejar Su vida en nuestro trabajo, en nuestra manera de hacer las cosas, en nuestras palabras y en nuestro hablar. Ésa es la razón por la que usted y yo somos el cuerpo de Cristo. Él ve a través de nuestros ojos, escucha a través de nuestros oídos, habla a través de nuestras voces, y ayuda a través de nuestras manos. Al habernos creado para Sí, Él desea que usted y yo andemos en santidad y rectitud delante de Él. Hemos de ser los representantes de Cristo, llevando a Cristo a las personas y reflejando Su luz a un mundo en tinieblas que lo necesita con desesperación.

La resurrección nos brinda seguridad, confianza y osadía. Determina dónde nos encontramos en la vida, hacia dónde nos dirigimos y dónde vamos a terminar: En la misma presencia del Dios viviente en vez de terminar eternamente separados de Él.

Apocalipsis 21.27 dice que nadie puede entrar al cielo sino «...solamente los que están inscritos en el libro de la vida del Cordero». ¿Cómo logra tener su nombre inscrito en ese libro? Aceptando al Cordero de Dios, la persona de Jesucristo, como su Salvador personal, con base en el hecho de que Él murió en la cruz, pagando su deuda por el pecado en su totalidad. Tres días después de haber sido sepultado, resucitó. Créalo, ¡y celébrelo!

LA GRACIA ES EL ÚNICO MEDIO PARA LA SALVACIÓN, USTED NO PUEDE GANÁRSELA

Quiero compartir con usted una experiencia que cambió mi vida hace unos veinte años. Estaba cercano a cumplir los 50 años de edad y trabajando duro como pastor, pero sabía que había algo que faltaba en mi andar con el Señor. Comencé a buscar en mi corazón para ver si había algo que estuviera estorbando mi relación con Dios, pero sólo quedé intensamente consciente del vacío en mi corazón.

Cuando esta tensión en mi vida espiritual llegó a un punto crítico, llamé a cuatro de mis amigos más cercanos. Acordaron reunirse conmigo y ayudarme a descubrir qué hacía tanta falta para que yo pudiera encontrar la paz con Dios. La primera noche de nuestra reunión hablé más de ocho horas, contándoles todo acerca de mí. Más tarde, me quedé levantado la mayor parte de la noche llenando 17 páginas tamaño oficio con más detalles íntimos de mi vida.

A la mañana siguiente, les revelé a mis amigos cada área de información personal. Luego que el grupo reflexionara sobre lo que había dicho, uno de ellos me pidió que diera más detalles sobre la muerte de mi padre, quien había fallecido cuando yo tenía nueve meses de nacido. Cuando terminé, me pidió que cerrara los ojos. Luego dijo, «Imagina esto: Tu padre acaba de tomarte en sus brazos y te está cargando. ¿Qué sientes?»

Esa reunión con mis amigos tuvo lugar hace más de tres décadas, pero la recuerdo vívidamente. Lloré. Sentí calidez, amor y seguridad.

Nunca había sentido la asombrosa profundidad del amor de mi Padre Celestial sino hasta entonces. Fui salvo a la edad de doce años, pero ésta era la primera vez que sentía con todo mi corazón que Dios verdaderamente me amaba, no como un ser distante e impersonal, sino como mi Padre celestial amoroso.

No es fácil aceptar el amor increíblemente expansivo de Dios. Durante años estuve convencido que la distancia que sentía de Dios debía estar relacionada con algún pecado en mi vida. Oré incesantemente por perdón, e incluso traté de encontrar pecados donde no los había. Muchos cristianos viven así, albergando sentimientos de vergüenza y duda de sí mismos que más tienen que ver con su temor a la intimidad que con la realidad.

Muchas personas saben que son salvas pero nunca han descubierto el verdadero gozo y satisfacción de ser un hijo de Dios. Una de las razones fundamentales por las que Pablo escribió a los creyentes en Colosas fue para expresar la libertad que estaba disponible por medio de Jesucristo. Falsos maestros habían entrado a la congregación y enseñaban que si bien era correcto aceptar a Jesús como el Mesías, también se tenía que vivir bajo las normas de la Ley Mosaica.

La carga era demasiado grande para la joven iglesia. Sus integrantes perdieron el gozo y cayeron en diversas formas de ataduras. Las personas caen en la misma trampa hoy cuando tratan de demostrar su cristianismo por medio de una sumisión a reglas humanas en vez de ser leales sólo a Dios. Éste no es el camino de la libertad en Cristo. No podemos dar fe de la obra de gracia de Dios mientras vivamos bajo la esclavitud de la ley. Sólo en Jesús encontramos que podemos sentirnos completos, no acatando reglas o normas prescritas.

Pablo escribe: «Porque en él habita corporalmente toda la plenitud de la Deidad, y vosotros estáis completos en él, que es la cabeza de todo principado y potestad. En él también fuisteis circuncidados con circuncisión no hecha a mano, al echar de vosotros el cuerpo pecaminoso carnal, en la circuncisión de Cristo; sepultados con él en el bautismo, en el cual fuisteis también resucitados con él, mediante la fe en el poder de Dios que le levantó de los muertos. Y a vosotros, estando muertos en pecados y en la incircuncisión de vuestra carne, os dio vida juntamente con él, perdonándoos todos los pecados, anulando el acta de los decretos que había contra nosotros, que nos era contraria, quitándola de en medio y clavándola en la cruz, y despojando a los principados y a las potestades, los exhibió públicamente, triunfando sobre ellos en la cruz» (Colosenses 2.9-15).

En Jesús se encuentra todo lo que nos hace falta. Cuando le aceptamos como nuestro Salvador, recibimos un nuevo espíritu, el cual ha recibido poder por medio del Espíritu Santo. Podemos entender la verdad espiritual porque el Espíritu de Dios renueva nuestras mentes.

Pablo nos dice: «De modo que si alguno está en Cristo, nueva criatura es; las cosas viejas pasaron; he aquí todas son hechas nuevas» (2 Corintios 5.17). El hecho de que Cristo mora dentro de nosotros nos hace suficientes y adecuados para todas las cosas. Dios ha regenerado nuestro espíritu. Somos partícipes de Su naturaleza divina, y nuestra naturaleza ya no se siente cómoda pecando.

Sin embargo, esto no significa que seamos perfectos o que nunca más pecaremos. No significa que al permanecer en estrecha comunión con Cristo, el pecado perderá su atractivo. Aun cuando somos nuevas criaturas espiritualmente, nuestros cuerpos no han sido cambiados. Dios nos ha dado ciertos apetitos naturales que son tanto normales como esenciales. A menudo, cuando tratamos de satisfacer estos apetitos en nuestra propia fuerza, cedemos a deseos pecaminosos. Dios quiere que entendamos nuestra posición como creyentes: Estamos totalmente completos en el Señor, quien ha prometido satisfacer toda necesidad que tengamos en Su tiempo perfecto.

Toda persona tiene percepciones que ha acumulado a lo largo de su vida, en particular aquellas que le inculcaron en la niñez. Cuando llegamos a la edad adulta y ya no dependemos de nuestros padres, debemos ver con claridad que nuestros espíritus necesitan redención. Debemos darnos cuenta de nuestra profunda y constante necesidad de un Salvador. Si le pedimos a Jesucristo que venga a nuestras vidas, Él lo hará. La auténtica liberación puede ser nuestra.

Este proceso es tanto maravilloso como arduo. Todavía queda una lucha por librar. Tenemos una nueva naturaleza que ya no se las lleva con nuestra vieja manera de hacer las cosas. Surge un conflicto entre servir a Dios y ceder a los deseos de la carne.

A fin de triunfar sobre la carne, una de las primeras cosas que usted debe entender es su verdadera identidad en Cristo. Si comienza su andar cristiano pensando que todavía tiene una vieja naturaleza de pecado, tenga por seguro que batallará con la tentación el resto de su vida. Es más fácil ceder al pecado cuando pensamos que no podemos evitar lo que hacemos o sentimos. Comenzamos a decirnos que es sólo nuestra naturaleza carnal que se hace evidente a la primera oportunidad. De manera similar, si usted cree que Dios apenas le remendó en parte al momento de la salvación, entonces pasará el resto de su vida lidiando con el desaliento, la duda y la derrota.

Con esta mentalidad, nos perdemos la verdad radical de la salvación y pasamos por alto la verdad del poder de Dios en nuestras vidas. En el momento que usted es salvo, su naturaleza de pecado muere y Jesucristo permanece en usted. Usted recibe una nueva naturaleza en Cristo, una naturaleza de obediencia, sumisión, amor, lealtad y devoción a Dios. Cristo le habilita para que viva sin rendirse al pecado.

Cuando pasamos por las aguas bautismales, proclamamos la verdad de que hemos muerto a nuestra vieja naturaleza de pecado y hemos renacido en Jesucristo (Romanos 6.1-11). Somos nuevas criaturas en Él, no parcial sino completamente. Hemos sido resucitados con Cristo y estamos sentados en los lugares celestiales con Él.

Pablo nos dice que las viejas cosas pasaron. Todas las cosas son ahora nuevas. Eso incluye nuestro espíritu, nuestra naturaleza, nuestra vida; cada parte de nosotros. Muchos de nosotros tenemos dificultad para aceptar esto. A menudo, es más natural albergar la culpa por errores pasados, pero Dios dice que Él nos ha perdonado de nuestras transgresiones y ha cancelado nuestro certificado de deuda (Colosenses 2.13). Cristo ha cancelado todo juicio contra nosotros así como también toda condenación de pecado. Fueron clavados en la cruz del Calvario.

Eso significa que ya no tenemos una deuda por el pecado. No tenemos que pagar el precio por nuestros pecados. Jesús lo pagó en su totalidad de una vez por todas. No sólo canceló nuestro pecado sino que se lo llevó, lo borró por completo a través de la muerte propiciatoria de Jesucristo. Es por esa razón que el apóstol Pedro escribe: «Quien llevó él mismo nuestros pecados en su cuerpo sobre el madero, para que nosotros, estando muertos a los pecados, vivamos a la justicia...» (1 Pedro 2.24).

No recibimos perdón a través de la confesión o el arrepentimiento. La única manera en que recibimos perdón es a través de la sangre derramada del Señor Jesucristo. Es el regalo personal de gracia a nosotros de parte de Dios.

Cuando usted confiesa sus pecados a Dios, reconoce y está de acuerdo con Él en que su vida no está en conformidad con Su Palabra, Su voluntad, ni Su plan. El arrepentimiento señala un cambio en la manera de pensar. Muestra que el Espíritu de Dios le ha convencido de un pecado en particular y que usted ha elegido alejarse de él.

No podemos llevar una vida pecaminosa y permanecer en correcta comunión con Dios. Pensar que se puede vivir en pecado y desobediencia acarrea la disciplina de Dios. Así como los padres que aman a sus hijos los corrigen cuando éstos hacen algo malo, Dios nos disciplina cuando elegimos desobedecerle.

Dios, quien es santo y justo, ha elegido expresar Su amor por nosotros por medio de Su Hijo. Su amor es auténtico, inmerecido e incondicional. Usted puede liberarse de toda la culpa que ha estado cargando por años al aceptar el perdón total que con todo derecho es suyo por medio de Jesucristo.

La verdad es que muchas personas se pierden de lo mejor de Dios porque se niegan a quitar las cadenas de la culpa y el pecado de sus vidas. Cada día tratan de avanzar por la vida lo mejor que pueden.

Domingo tras domingo, oran para que el pastor diga algo que les ayude a soportar la culpa que albergan. Dios quiere que todos reposemos en la libertad comprada por la sangre de Su Hijo, Jesucristo.

Cuando Jesús resucitó de entre los muertos, conquistó cada uno de los poderes que se le oponían no sólo en ese momento, sino para siempre. «Porque también Cristo padeció una sola vez por los pecados, el justo por los injustos, para llevarnos a Dios, siendo a la verdad muerto en la carne, pero vivificado en espíritu; en el cual también fue y predicó a los espíritus encarcelados» (1 Pedro 3.18-19).

A través de Su resurrección, Jesús proclamó Su soberanía sobre todos los poderes demoníacos. Satanás y sus fuerzas están por siempre sujetos al gobierno y reino de Cristo. Eso significa que nada puede tocar su vida fuera de la voluntad permisiva de Dios. Hemos sido liberados. Jesús, como un general al mando, entró en el Lugar Santísimo en triunfo absoluto y total sobre cada poder y autoridad. Nada se iguala al Espíritu Santo que mora en cada uno de nosotros (Juan 15.5). Jesucristo en usted es su esperanza de gloria (Colosenses 1.27).

Tenemos una nueva naturaleza, un nuevo sentido de libertad, una nueva libertad en Su perdón. Tenemos una nueva norma de conducta que podemos mantener por medio del poder del Espíritu Santo.

Jesús exclamó desde la cruz diciendo: «...Consumado es...» (Juan 19.30). No hay nada que usted pueda añadir a su salvación o a la libertad que Él le ha dado. No hay nada que usted pueda hacer para ganar mayor salvación, mayor perdón. Cuando Cristo expió sus pecados, borró la cuenta, le puso el sello de «cancelado» y abonó en su libro de contabilidad todos los beneficios de ser Su hijo amado. Todo lo que tiene que hacer para experimentar la vida extraordinaria es comenzar a hacer retiros por fe.

La vida cristiana es una expresión de la gracia de Dios, más que una lista de control de lo que se debe y no se debe hacer. Es un desborde de Jesucristo. De eso trata el cristianismo, de la libertad de disfrutar la vida que Dios nos ha dado, y la libertad para compartir esta verdad con los demás.

Por medio del poder del Espíritu Santo dentro de usted, Jesucristo le dará el poder para hacer todo lo que Dios requiera de usted (1 Tesalonicenses 5.24). Toda la fuerza, la esperanza, y el amor que usted jamás necesitará los puede encontrar en Cristo cuando vive y permanece en el poder de Su resurrección.

A menos que usted haya confiado en Jesús como su Salvador, nunca experimentará la verdadera libertad. Al poner su confianza en Él como su Salvador personal y al aceptar lo que Él le ha ofrecido por medio de la misericordia de Su gracia, usted conocerá la libertad de la esclavitud del pecado. Su vida será hecha nueva: La vieja voluntad será cortada y echada fuera, y usted será vuelto totalmente a la vida.

Dios tomó la decisión de amarnos mucho antes de darle forma a los cimientos de este mundo. Él conocía nuestra necesidad más profunda aun antes de que ésta existiera. Era la necesidad de un Salvador. ¿Alguna vez se ha preguntado por qué Dios eligió venir a la tierra como un bebé, indefenso y aparentemente desprotegido? La respuesta se encuentra dentro de Su sabiduría y Su deseo de que usted conociera y experimentara Su profundo amor. El apóstol Pablo escribe: «Según nos escogió en él antes de la fundación del mundo, para que fuésemos santos y sin mancha delante de él, en amor habiéndonos predestinado para ser adoptados hijos suyos por medio de Jesucristo, según el puro afecto de su voluntad» (Efesios 1.4-5)

Si bien Su ley demanda el pago por el pecado, el Padre celestial sabía que el pago era demasiado grande para nosotros. Sólo Dios en Su infinita sabiduría es capaz de ofrecer la expiación necesaria para erradicar nuestro pecado.

LA SEGURIDAD ETERNA IMPORTA

Cada año durante la Pascua, enfocamos nuestros pensamientos en el sacrificio de Jesucristo en el Calvario. A partir de Su expiación brota nuestra bendita seguridad de salvación y vida eterna. Muchas personas que confían en Cristo como su Salvador saben que son salvas pero no tienen una total certeza acerca de la seguridad eterna, aquella obra de Dios que garantiza que la salvación es permanente. Creen que la salvación puede perderse de alguna manera por medio de acciones equivocadas o por alguna elección voluntaria de perderla.

¿Realmente importa si creemos en la seguridad eterna? ¡La respuesta es sí! La eternidad es una de las promesas de Dios, y Él quiere que Sus hijos tengan confianza en cuanto a su futuro garantizado con Él. Es por eso que la Biblia dice: «Estas cosas os he escrito a vosotros que creéis en el nombre del Hijo de Dios, para que sepáis que tenéis vida eterna, y para que creáis en el nombre del Hijo de Dios…» (1 Juan 5.13). De hecho, ni un solo pasaje de las Escrituras limita en forma alguna el poder salvador de la muerte propiciatoria y substitutiva de Cristo.

La Biblia enseña que cuando recibimos a Jesucristo como Salvador, inequívocamente *tenemos* vida eterna. Esta seguridad dada por Dios influye en cada aspecto de nuestra fe. La seguridad eterna es una piedra angular fundamental para el servicio efectivo y piadoso en el poder del Espíritu Santo. Un creyente que está seguro de la eternidad no trabaja para obtener algo de Dios, sino más bien le sirve con diligencia por devoción pura.

La promesa del cielo afecta nuestra comprensión del arrepentimiento y del perdón. Nos arrepentimos de nuestros pecados para recibir a Cristo como nuestro Salvador. Esto es, cambiamos nuestro pensamiento acerca del comportamiento pecaminoso y le confesamos nuestra impotencia a Dios. Debido a dicho arrepentimiento, recibimos perdón y somos «salvos». Nuestra relación con Dios comienza justo entonces y continúa sin interrupción. De allí en adelante, los actos de arrepentimiento y confesión cumplen un propósito diferente. No son necesarios para que obtengamos nuestro perdón, porque ya poseemos una medida plena del mismo. Más bien, el arrepentimiento mantiene correcta nuestra comunión con Cristo.

Nuestra seguridad de salvación depende de la seguridad eterna. Si la salvación se basa en *cualquier otra cosa* que no sea la obra consumada de Jesucristo en la cruz, entonces nos encontramos en arenas movedizas. Algunos creyentes intentan involucrarse en el proceso de salvación por medio de las buenas obras o de un comportamiento correcto; tales personas son propensas a dudar en cuanto a la vida eterna porque creen que deben *ganarse* la buena voluntad de Dios y el cielo. La gracia es un regalo (Efesios 2.8-9). Si añadimos el requerimiento de tan sólo una obra a la salvación, entonces deja de ser un regalo y se convierte en un pago por los servicios prestados. Definitivamente, así no es como Dios obra en la vida del creyente.

Lo que es más, estamos eternamente seguros en nuestro Señor. No hay un solo versículo en las Escrituras que indique que nuestra salvación sólo dura por una temporada. Note lo que la Biblia dice: El Señor da a los creyentes vida *eterna,* y *nunca pereceremos* (Juan 10.28); fuimos «...sellados para el día de la redención» (Efesios 4.30), lo cual se refiere al día final cuando Dios nos llame al hogar. Tenemos garantizado que nada ni nadie puede arrebatarnos de la mano de Dios (Juan 10.27-30).

Ahora permítame hacerle una pregunta: ¿Cree usted que tiene el poder para tomar cosa alguna de la mano del Omnipotente? Una vez que haya confiado en Jesucristo como su Salvador, puede ser que tenga dudas o temores en su vida. Tal vez se rebele y peque contra Él, pero en ningún modo significa que usted haya perdido su salvación. Si implicara semejante cosa, entonces, ¿a qué podría haberse referido Dios al decir «y yo les doy vida eterna; y no perecerán *jamás...*» (Juan 10.28)? Esto no es una licencia para pecar sino una razón para regocijarnos, para alabar a Dios, para andar en santidad delante de Él y para obedecerle. Si Jesús no hubiese resucitado de la tumba, podríamos tener razones para dudar de nuestra seguridad eterna, pero el hecho de haber resucitado establece de una vez por todas la veracidad de todo lo que dijo, así como también la garantía de todo lo que prometió.

Cuando usted y yo confiamos en Jesús como nuestro Salvador, no solo recibimos el perdón de nuestros pecados, también recibimos Su vida misma. Por medio del Espíritu Santo, Jesús mora ahora mismo dentro de nosotros (Juan 15.4) para ayudar a cada creyente a vivir la vida cristiana (Gálatas 2.20). Él prometió que no nos dejaría huérfanos, arreglándonoslas como pudiéramos, más bien nos enviaría otro Ayudador o Consolador (el Espíritu Santo), quien estaría con nosotros para siempre, morando no sólo con nosotros, sino dentro de nosotros (Juan 14.6).

Ésta es una profunda diferencia entre los creyentes y los incrédulos: Ambos experimentan la vida en la tierra, pero aquel que cree espera una vida abundante con nuestro Padre Celestial después de la muerte. Jesús es, fue y siempre será. Él vivirá para siempre, y de manera similar, la vida eterna que ofrece es de duración infinita. Además, Él nos da la calidad y la naturaleza de la vida que Él mismo posee, la cual es gloriosa, abundante e indescriptible. Él mismo se ha dado a nosotros.

Así que, si Él nos ha dado vida eterna, ¿envejecerán nuestros cuerpos? ¿Se debilitarán nuestros músculos y nuestro cabello encanecerá? Sí, el cuerpo cambiará con el tiempo, pero nuestra alma y nuestro espíritu madurarán y se harán más fuertes. La Biblia nos dice que los cristianos vivirán para siempre, pero no en sus cuerpos terrenales. ¡Cada creyente va a experimentar una resurrección corporal! Lo sabemos, no sólo porque Cristo mismo resucitó, sino también porque nos dijo: «Y esta es la voluntad del Padre, el que me envió: Que de todo lo que me diere, no pierda yo nada, sino que lo resucite en el día postrero» (Juan 6.39). Si usted pertenece a Cristo, va a experimentar una resurrección corporal física.

Hebreos 9.27 dice: «Y de la manera que está establecido para los hombres que mueran una sola vez, y después de esto el juicio». Un día, cada persona estará en la presencia de Jesucristo para dar cuenta de su vida. La Escritura habla de dos resurrecciones venideras: La «...primera resurrección...», que garantiza la recompensa para cada creyente

(Apocalipsis 20.6); la otra resurrección, la cual está reservada para todas las personas que han rechazado al Señor Jesús, es para juicio y condenación. Da como resultado la separación eterna de Dios, que en la Biblia se llama «...la muerte segunda...» (Apocalipsis 20.11-15).

LA VIDA EN GRACIA

¿Establece usted reglas y normas para su vida, pero luego se juzga a sí mismo muy severamente cuando no vive a la altura de sus propias expectativas? ¿Se siente cerca del Señor cuando está haciendo algo religioso, y se siente distante cuando no lo está haciendo? Muchas personas hoy están viviendo de esta manera y carecen de la seguridad de saber que ya han agradado a Dios. La Biblia dice que usted y yo hemos sido aceptados por Su gracia, la cual puede definirse como la gentileza de Dios hacia nosotros sin considerar mérito alguno de nuestra parte.

En el Antiguo Testamento, sólo el sumo sacerdote podía acercarse al Arca del Pacto, la cual simbolizaba la presencia de Dios. Piense en todas las miles de personas que quedaban afuera, incapaces de acercarse personalmente a Él de alguna manera. En vez de ello, su noción de relacionarse a Dios involucraba vivir a la altura de las leyes y alcanzar la aceptación divina con base en su comportamiento. El perdón de su pecado se basaba en un sacrificio literal de animales.

Jesús vino para morir por nuestros pecados y ser un sacrificio substitutivo a realizarse una sola vez. El perdón era tan solo una parte del plan, Él también vino a iniciar un estilo de vida totalmente diferente al que el pueblo de Dios había experimentado. En el día de su crucifixión, el velo que escondía el Arca del Pacto se partió en dos de arriba abajo, simbolizando que Dios abría la puerta para una relación íntima con Él. Así ha hecho posible que le hablemos directamente y sepamos que nos está escuchando. Ese cambio en la relación refleja la diferencia entre la gracia y la ley.

La muerte de Jesús sentó la base de nuestra aceptación de una vez por todas. Aunque a veces nuestra conducta no es lo que debiera ser, no obstante somos aceptados como hijos de Dios. A fin de disfrutar la vida cristiana, debemos vernos como Él nos ve. Las personas que tratan de vivir a la altura de un estándar imposible e invisible nunca saben cuándo han agradado a Dios. Si la vida es una cuestión de reglas y normas, nunca tendremos paz ni satisfacción.

Tenemos que hacer una elección. Podemos establecer reglas y vivir por medio de la dominación legalista, el temor y la incertidumbre, o podemos elegir vivir en la maravillosa aceptación que viene por medio de la cruz. La vida de gracia, la cual vivimos sostenidos de Su brazo eterno, está disponible para todo aquel que le busque.

LA GRACIA TRANSFORMADORA DE DIOS

La dirección que toma nuestra vida recibe el impacto de muchas cosas, tales como el ambiente en que vivimos, las decisiones que tomamos y la educación que recibimos. No obstante, la influencia más poderosa en la vida de un creyente es la gracia transformadora de Dios, que es Su gentileza hacia nosotros sin importar nuestro valor y a pesar de todo lo que merecemos.

En últimas, la voluntad de Dios es que cada creyente sea conformado a la semejanza de Su Hijo. Su gracia es responsable de nuestro nuevo nacimiento, y a partir de allí nos dirige, nos mueve e influye sobre nosotros para que seamos cada vez más a la imagen de Cristo. De ese modo, podemos decir junto con el apóstol Pablo: «Pero por la gracia de Dios soy lo que soy...» (1 Corintios 15.10).

De hecho, la vida del apóstol es un ejemplo poderoso de la gracia transformadora de Dios. En Filipenses 3, Pablo describe cómo una vez dependió de sus buenas obras, de su naturaleza y de su conducta para lograr aceptación delante de Dios. Originalmente no entendía que sólo hay una manera de hacernos aceptables a los ojos de Dios: Por medio de Su gracia. Si las buenas obras y la actividad religiosa pudieran en alguna forma lograr la aprobación divina, Pablo nunca habría escrito acerca de sus antiguos y vanos intentos por ganarse el favor de Dios y sus numerosas razones defectuosas para tener confianza: Era un judío observante que procedía de una familia de linaje apreciado (v. 5); había guardado la ley celosamente (v. 6); y hasta había perseguido incansablemente a la iglesia, a la cual veía como enemiga de su fe (v. 6).

Sin embargo, el encuentro con el Cristo vivo cambió totalmente a Pablo, y él así lo explica: «Pero cuantas cosas eran para mí ganancia, las he estimado [ahora] como pérdida por amor de Cristo» (Filipenses 3.7). Reconoció que todos sus títulos y logros humanos no tenían valor espiritual en absoluto. Nosotros también debemos darnos cuenta que nunca ganaremos la eternidad dependiendo de cualquier cosa que seamos o cualquier cosa que hagamos, puesto que la salvación no se relaciona con cuánto dinero demos, cuán excelentes ciudadanos seamos, o qué tan bien tratemos a nuestra familia. Es por gracia, y sólo por gracia, que somos salvos (Efesios 2.8-9).

Pablo aprendió una lección valiosa: Lo único digno de jactancia es la Cruz de Jesucristo (Gálatas 6.14). El Señor se ofreció a Sí mismo como nuestro sacrificio substitutivo, no porque hubiera visto algo en nosotros que fuera digno de salvar, sino por Su gran amor.

Existen millones de personas que sincera pero erradamente creen que serán aceptables a Dios con base en lo buenos que son. Mi corazón se entristece al pensar que morirán en ignorancia, engañados por la falsa doctrina de esforzarse para ganar la aprobación del Señor. Por gracia, el pensamiento de Pablo fue corregido y él aprendió que todo lo que había contado por valioso no tenía valor alguno. De este modo, el peor enemigo del cristianismo se convirtió en su siervo más valioso, en su motivador más grande y en su amigo más querido.

¿Cómo ocurrió este cambio? Saulo, el «hebreo de hebreos» comprometido a destruir todo lo relacionado con Jesucristo, iba encaminado a Damasco. Luego apareció de repente un rayo de luz, él cayó al suelo cegado y escuchó a Jesús decir: «...Saulo, Saulo, ¿por qué me persigues?...» (Hechos 22.7-9). El futuro apóstol aprendió que criticar a la iglesia o a los cristianos equivalía a oponerse a Jesús mismo (Mateo 25.40), y que atacar al cuerpo de Cristo significaba ponerse bajo la condenación y el juicio de Dios. Pero la gracia de Dios estaba por transformar a Saulo dándole una nueva naturaleza y un nuevo comienzo: Su corazón hostil y vengativo sería cambiado de manera abrupta, y él se convertiría en el promotor más aguerrido de la iglesia.

Lo que marcó la diferencia fue que Pablo supo que Dios le estaba hablando a él. ¿Le está hablando Dios a usted? ¿Le está pidiendo que haga algo que no le gusta o algo que usted teme hacer? Usted tiene voluntad propia, pero la voz de Dios es persuasiva. El himno de George Matheson describe la gracia de esta manera: «Oh amor que no me dejará ir, reposo mi agotada alma en Ti». Dios sabe que somos niños en crecimiento y que gradualmente estamos siendo conformados a Su semejanza, gracias a que Él es paciente, gentil y perdonador en el proceso de nuestra transformación. Puede ser que algunas veces digamos «No, Dios», pero Él tiene una manera profunda de añadir un poco más de presión y un poco más de «incentivo» hasta que decimos: «¡Me rindo, Padre!»

Recuerde que es por Su amor tierno y no por la condenación o el castigo que nuestro Padre celestial dispone nuestras circunstancias y dificultades. Lo que nos pide hacer es siempre para nuestro mayor beneficio y será parte del proceso que nos conforma a la imagen de Cristo. Si usted puede desobedecer sin problema en repetidas ocasiones, tiene que hacerse algunas preguntas serias acerca de su relación con Él. Así es como lo veo: Cuando el asunto se reduce a una decisión final, ya sea a favor de Dios o contra Él, ¿cómo puedo decirle que no a un Cristo que me amó lo suficiente como para sufrir una muerte tan atroz y humillante en mi lugar?

Esta gracia que salva y transforma hoy es la misma gracia que convirtió a Saulo, el pecador, en Pablo, el apóstol. Él reconoce que la gracia de Dios es la responsable absoluta de aquello en lo que se ha convertido (1 Corintios 15.10), y ésa es la razón por la que se gloría en la Cruz, pues él mismo no tenía intenciones de ser salvo, pero Dios en Su amor lleno de gracia tenía planes maravillosos para él.

Más aún, Pablo fue un ejemplo para aquellos a su alrededor así como también para las generaciones futuras. Dios quería que todos nosotros supiéramos que, si puede venir a salvar a un asesino como Pablo y transformarlo completamente, entonces puede salvar a cualquiera. El ser testigos de la conversión de Pablo nos hace preguntar: «¿Quién entre nosotros *no* podrá ser transformado por la gracia de Dios?»

Pero no se engañe por la experiencia dramática de Pablo. Yo fui salvo a la edad de doce años. Había leído mucho la Biblia y comprendía que necesitaba del perdón de Dios en mi vida. No hubo rayo de luz ni caí al suelo. Simplemente me levanté de la segunda banca, caminé hacia el altar y me arrodillé para orar. Provenía de un hogar donde mi mamá me leía la Biblia, así que mi salvación a la edad de doce fue en cierto modo normal y natural. Pero esto es lo que quiero decirle: La gracia necesaria para salvarme a los doce años fue tanta como la que se requirió para salvar a Saulo de Tarso, el perseguidor violento y aborrecible de la iglesia. La Biblia dice que todos nosotros estábamos muertos en nuestros delitos y pecados (Efesios 2.1). Jesucristo es el camino, la verdad, y la vida (Juan 14.6). Cuando le recibimos, nacemos de nuevo ¡y quedamos vivos de verdad!

Una vez que alguien ha sido transformado de pecador a santo, son cuatro las actitudes que deben hacerse evidentes. Primero, debemos manifestar humildad verdadera. Escuche cómo se describe Pablo a sí mismo, el misionero y predicador preeminente del evangelio: «Porque yo soy el más pequeño de los apóstoles, que no soy digno de ser llamado apóstol, porque perseguí a la iglesia de Dios» (1 Corintios 15.9). En el versículo siguiente, le da crédito a la gracia de Dios por su transformación, y no a algo que él mismo hubiera hecho. Usted no encontrará orgullo alguno en el corazón de un hombre o mujer que verdaderamente entienda la gracia. Esa persona siempre estará señalándoles a Cristo a los demás, porque entiende que todo lo que sea positivo en su vida se debe enteramente a Dios.

La segunda es una actitud de obligación. Pablo estaba tan abrumado por la gracia inmerecida de Dios que dedicó su vida al cumplimiento de la misión que el Señor le había encomendado. Pablo reconocía que había sido apartado desde antes de su nacimiento para ser un predicador del evangelio (Gálatas 1.15-16), lo consideró un enorme privilegio y se dio a la tarea de manera incondicional. El apóstol tenía tanta gratitud por su salvación que tenía que decir a las demás personas lo que le había pasado. Usted también tiene un mensaje que compartir. No se quede callado al respecto. Está mal guardarse el amor de Dios para usted solo cuando hay un mundo lleno de personas que sufren y mueren en agonía, dolor, frustración, ira, desilusión y desesperación.

Lo tercero que debemos demostrar es un sentido de dependencia. Pablo menciona que trabaja «…más que todos ellos; pero no yo, sino la gracia de Dios conmigo» (1 Corintios 15.10). Está diciendo que no lucha en sus propias fuerzas; la misma gracia, bondad y poder que lo transformaron es el mismo poder amoroso que obra en la vida del creyente cada día. No tenemos que depender de nuestra propia sabiduría, capacidades, talentos o fuerza. Es Cristo en nosotros quien lo logra (Filipenses 4.13), y fuera de Él, nada podemos hacer (Juan 15.5).

Una actitud final que debemos mostrar es un espíritu de confianza absoluta. Hacia el final de su vida, Pablo pudo decir: «He peleado la buena batalla, he acabado la carrera, he guardado la fe» (2 Timoteo 4.7). Pablo esperaba recibir la corona de justicia de parte del Señor mismo (v. 8).

Qué formidable ejemplo es Pablo del poder transformador de la gracia de Dios, la cual puede tomar a un hombre que se opone a Cristo con intenciones asesinas y convertirlo en el misionero más grande del mundo. Él se dio a sí mismo sin reservas para proclamar el evangelio, y por eso pudo decir que la gracia de Dios hacia él «…no ha sido en vano…» (1 Corintios 15.10). ¿Ha derramado Dios Su gracia de manera abundante en su vida? No permita que sea en vano, dígale a Dios cuán agradecido(a) está… y cuéntele a los demás por qué.

Lectura Bíblica Sugerida

HEBREOS 7.25; 1 JUAN 2.1-2; APOCALIPSIS 21.27;
COLOSENSES 2.9-15; 1 PEDRO 2.24; 3.18-19; COLO-
SENSES 1.27; JUAN 6.39; 10.27-30; 14.16; 15.4-5; 19.30;
1 TESALONISENSES 5.24; EFESIOS 1.4-5; 2.1-9; 4.30;
GÁLATAS 1.15-16; 2.20; 6.14; APOCALIPSIS 20.11-15;
FILIPENSES 3.7; 4.13; MATEO 25.4; 1 CORINTIOS
15.9-10 y 2 TIMOTEO 4.7.

Oración

Querido Padre Celestial, gracias por el regalo de la
vida eterna a través de la muerte de Tu Hijo,
Jesucristo. Sé que no puedo ganarme mi entrada al
cielo y que no soy digno de tu favor; es un regalo
gratis de gracia. Te pido que profundices mi deseo
de conocerte y me enseñes los principios de Tu
Palabra para que pueda darle honor y gloria a Tu
nombre.

RECURSO PARA
LOS PRINCIPIOS
DE LA VIDA

Diario

- Si muriera hoy, ¿iría al cielo? ¿Por qué?

_____

_____

_____

- ¿Cuáles son los medios por los que las personas son perdonadas?

_____

_____

_____

- ¿Cuánto dura la salvación?

_____

_____

_____

- ¿Deberían las personas que son salvas continuar haciendo buenas obras? ¿Por qué?

_____

_____

_____

¿Es difícil imaginar tal derramamiento de la gracia? Descubra más acerca del amor de Dios para usted, las riquezas de su plan de salvación y su esperanza de seguridad eterna en *www.institutocharlesstanley.com* hoy mismo.

RECURSO PARA
LOS PRINCIPIOS
DE LA VIDA

PRINCIPIO
3

LA VERDADERA EFECTIVIDAD
VIENE A TRAVÉS DE LA INTIMIDAD
CON DIOS

Ya había sido pastor por ocho años antes que el concepto de permanecer en Cristo llegara a ser una realidad para mí. Había pasado por la universidad y el seminario y pensaba que la vida cristiana total significaba predicar, estudiar la Biblia, dar testimonio a las personas, servir a la gente, etc. Sin embargo, luego de ocho años, sabía que tenía que haber más.

Recuerdo que observaba a un hombre en mi congregación que caminaba hacia el altar de nuestra iglesia y volvía a dedicar su vida a Jesús casi una vez al mes, algunas veces más. Finalmente, lo llevé a un lado y le pregunté por qué sentía la necesidad de seguir haciendo eso. No me dio una razón clara, pero insistió en que necesitaba volver a dedicar su vida. Comencé a pensar acerca del acto de volver a hacer una dedicación y por qué la gente lo hacía. Sospecho que ese joven probablemente se encontraba en el mismo lugar en que me encontraba yo espiritualmente, atascado en un callejón sin salida y tratando de salir adelante de la única manera que podía imaginar.

En esa época estaba predicando sobre el libro de Gálatas, y cuando llegué al quinto capítulo me preocupé de verdad. Pensé, *Dentro de dos domingos más me tocará predicar sobre el fruto del Espíritu, y Dios me mostrará que no hay mucha paz, amor, gozo y bondad en mi vida.* Recuerdo pensar que me sentía mucho más espiritual los domingos, pero de lunes a sábado era otra historia.

Sabía que faltaba algo. Mi corazón estaba atribulado. Me sentía insuficiente, como un total fracaso en la vida cristiana. Pasaba horas en la casa rodante familiar en nuestro patio posterior, ayunando y orando, con la intención de lograr que Dios hiciera algo. Ya cerca de la desesperación, oré: «Dios, o hay más de la vida cristiana que jamás haya conocido, o tengo que dejar de hablarle a la gente de quién eres Tú. ¿Cómo puedo seguir predicando si la vida cristiana es tan sólo una serie de normas en las que hay que creer y que no hay victoria real? No puedo seguir así».

Como mencioné anteriormente, Dios usó el testimonio de Hudson Taylor para abrir mis ojos. Cuando leí su testimonio, comprendí por primera vez en mi vida el significado de Juan 15.4–5: «Permaneced en mí, y yo en vosotros. Como el pámpano no puede llevar fruto por sí mismo, si no permanece en la vid, así tampoco vosotros, si no permanecéis en mí. Yo soy la vid, vosotros los pámpanos; el que permanece en mí, y yo en él, éste lleva mucho fruto; porque separados de mí nada podéis hacer». Las uvas no crecen por sí solas; es la sabia que corre por la vid que las trae a la vida. Me di cuenta que había estado esforzándome por vivir la vida cristiana perfecta desde que tenía doce años pero todavía no podía hacerlo. Quedé tan abrumado que ni siquiera pude orar. Tan sólo caí de rodillas. Por primera vez, me di cuenta que no se suponía que yo viviera la vida cristiana. Más bien, yo tenía que permitirle a Cristo vivirla a través de mí. Ese descubrimiento cambió mi mundo de manera radical. Fue el momento decisivo de mayor envergadura en toda mi experiencia cristiana. Desde entonces, mi oración ferviente ha sido que todo aquel que venga a un conocimiento del Señor Jesucristo que le lleve a la salvación, tenga una relación íntima con Él.

UNA PASIÓN POR CONOCER A DIOS

¿Tiene usted un deseo fuerte, intenso y abrumador de conocer a Dios? ¿Son los pensamientos que tiene de Él arrobadores y grandiosos, o es su relación con Él superficial y de poca profundidad? Conocer a Dios debe ser la búsqueda de toda una vida de cada creyente.

Durante su ministerio, al apóstol Pablo lo consumía un ardiente deseo por conocer a la persona de Jesucristo. Le escribió a la iglesia de Filipos: «Pero cuantas cosas eran para mí ganancia, las he estimado como pérdida por amor de Cristo. Y ciertamente, aun estimo todas las cosas como pérdida por la excelencia del conocimiento de Cristo Jesús, mi Señor, por amor del cual lo he perdido todo, y lo tengo por basura, para ganar a Cristo… A fin de conocerle, y el poder de su resurrección, y la participación de sus padecimientos, llegando a ser semejante a él en su muerte… sino que prosigo, por ver si logro asir aquello para lo cual fui también asido por Cristo Jesús» (Filipenses 3.7-8, 10, 12).

Hay bastante diferencia entre conocer acerca de Dios y conocer a Dios. Demasiadas personas conocen acerca de Dios, pero no conocen realmente a la persona de Jesucristo. Su relación con Él, si acaso tienen alguna, es muy superficial. Conocer a Jesucristo involucra una comprensión progresivamente más profunda a través del cultivo de una relación íntima con Él.

Demasiados cristianos están satisfechos con tan sólo conocer a Jesús como su Salvador. Están agradecidos que sus pecados hayan sido perdonados y que el cielo sea su último destino. Pero están satisfechos con reposar allí, y no están dispuestos a proseguir con el verdadero significado de la vida eterna: Conocer a Jesús (Juan 17.3).

He aconsejado a muchas personas que no podían encontrar la realidad con Dios, por mucho que lo intentaran. Nuestras iglesias están llenas de personas que diligentemente leen su Biblia, oran y van a la iglesia, pero que parecen haber puesto sus vidas en piloto automático. Realizan fielmente los movimientos mecánicos esperados, pero la intimidad con Dios los evade. Comprendo a la persona que se encuentra en esta situación, pero la verdad es que en cada uno de los casos que he visto esa persona no le ha rendido algo a Dios.

Recuerdo a un buen joven cristiano que me dijo sin rodeos: «Bueno, esto es todo lo que puedo dar, hasta aquí llego yo». Ésa fue la primera vez que escuché a alguien salir de frente y decir: «No cuente conmigo para nada más que esto. Estoy contento con quien soy y no tengo nada que mejorar».

Siempre que trace una línea entre usted y el Señor Jesús por cualquier asunto, usted ha optado por el fracaso. Al negarnos a poner algo en el altar para Cristo, por muy pequeño que sea, limitamos nuestra relación con Él y dejamos fuera a la misma fuente de nuestra vida. A menudo nos podemos definir de una manera muchísimo más estrecha de cómo nos define Dios, y debido a nuestro propio egoísmo y debilidad, nos perdemos de lo mejor de Él para nuestra vida. Si hay algo en su vida que signifique para usted más que Cristo, nunca conocerá la plenitud de Su amor. Por cuanto Dios le ama, Él va a disciplinarle. En última instancia, es cuestión de rendirse a Él, o insistir en hacer las cosas como usted quiere y morir sin alcanzar su más alta recompensa en la vida.

Nada agrada más a Dios que nuestra entrega total, y Él la recompensa en abundancia. Dios dice: «Todo lo que el Padre me da, vendrá a mí; y al que a mí viene, no le echo fuera» (Juan 6.37). Nunca es culpa de Dios cuando nuestra relación con Él decae. Más que nada, nuestro Padre en el cielo quiere una relación íntima con Sus hijos.

Pablo nunca estuvo satisfecho consigo mismo cuando se trataba de conocer a Cristo. Siempre tenía hambre y sed de más, al darse cuenta que Dios revelaría tanto de Sí mismo como Pablo lo deseara. Él quería experimentar el poder de la resurrección del Señor en sus luchas diarias, viendo al Cristo resucitado obrando en sus empresas personales. ¡Cuán peligroso es pensar en contentarnos con llegar a una meseta en nuestra relación con Jesucristo! No hay marcha en neutro en la vida cristiana. Si buscamos avanzar sin ningún esfuerzo, podemos estar seguros que recaeremos y nos estancaremos en nuestro conocimiento personal de Él.

Conocer a Jesús como nuestro Señor y vida reacomoda nuestras prioridades de manera radical, altera nuestra perspectiva en cuanto a la adversidad y el éxito, e influye en nuestras relaciones y en nuestros procesos de toma de decisiones. Cristo se convierte en el foco y el centro de toda nuestra vida. Deseamos por encima de todo la gran paz que nos proporciona conocerle, una paz tan grande que estamos dispuestos a sufrir pérdida en todo con tal de experimentar Su presencia y obra en nuestras vidas. Nuestro prestigio, nuestras posesiones, nuestras pérdidas y nuestras penas no son sino «basura» al compararse con la bendición de conocer a Jesús. (Filipenses 3.8). Descubrir Su fidelidad, experimentar Su ayuda y aceptar Sus propósitos le da significado e importancia a cada faceta de la vida.

Pablo consideraba el conocimiento vivo basado en la experiencia directa de Jesucristo como la meta suprema de la vida. Él estaba dispuesto a sufrir tratos duros y el encarcelamiento si eso le ayudaría a conocer a su Salvador de una manera más completa. Toleraba sus aflicciones porque las veía a la luz de una meta espiritual más grande: Experimentar y conocer la suficiencia de Cristo en toda situación.

¿Ha llegado usted al punto en que puede estar de acuerdo con la confesión que hizo Pablo de su dependencia de Cristo? ¿Está dispuesto(a) a ver cualquier cosa que considera valiosa como pérdida, si perderla significa crecer en la gracia y en el conocimiento de Cristo? ¿Es conocer a Cristo su objetivo final?

El profeta Oseas escribió: «Y conoceremos, y proseguiremos en conocer a Jehová; como el alba está dispuesta su salida, y vendrá a nosotros como la lluvia, como la lluvia tardía y temprana a la tierra»

(Oseas 6.3). Las promesas de Dios son seguras. Si disponemos nuestros corazones y mentes para conocerlo, Él abrirá nuestros ojos y oídos espirituales, revelándose de maneras maravillosas y a menudo inexplicables. Aunque el mundo ofrece algunos sustitutos tentadores, nada puede compararse al valor de una relación auténtica, creciente y apasionada con Jesucristo. Colosenses declara que «en [Cristo] están escondidos todos los tesoros de la sabiduría y del conocimiento» (Colosenses 2.3). Cuando nuestra pasión más importante es conocer a Dios, Él nos garantiza que proveerá para el resto de nuestras necesidades (Mateo 6.33).

¿CÓMO HACEMOS DE CONOCER A CRISTO NUESTRA META MÁS ELEVADA?

Para pasar tiempo con el Señor y escuchar Su voz, usted debe estar en silencio. Reconozca que está buscando algo, por decir algo, una respuesta a una necesidad apremiante. Luego lea Su Palabra y medite en ella. Pregúntele y escuche Su respuesta. A menudo, Su respuesta no viene cuando estamos orando, viene cuando no estamos orando. Creo que la razón por la que Dios algunas veces tarda en responder es para que no nos hagamos el hábito de enviar oraciones rápidas del tipo «arréglalo rápido». Al preguntarle y disponernos a escuchar Su respuesta, algunas veces «escuchamos» a través de las circunstancias u otras revelaciones.

Yo tenía la costumbre de echarme en el suelo cuando oraba. Debido a problemas con la espalda ya no puedo hacerlo más, pero he aprendido que cuando me levanto temprano en la mañana, lo mejor que puedo hacer es sentarme en la cama. No me levanto porque inevitablemente me distraeré con algo. Simplemente comienzo allí mismo. Le pido a Dios que le hable a mi corazón y que me muestre qué debo hacer. Cuanto más frecuentemente pase usted tiempo con el Señor, tanto más familiar le será Su voz. Es como una nube que se despeja de su mente. Usted sabe que Dios está hablando, y cuando oye Su respuesta puede encarar al mundo. Usted sabe con absoluta certeza que Dios le ha dicho qué es lo que Él va a hacer, y Él siempre cumple Su palabra.

A lo largo de todos estos años, Dios nunca me ha fallado. Ha cumplido cada promesa que me ha hecho. Siempre. Algunas veces he querido sacarle una promesa a la fuerza, pero eso no funciona. Cuando entro en razón y pienso en ello, me doy cuenta que lo que Él quiere es lo mejor. Cuando usted pide algo que no es de Dios, creo que siempre hay un dispositivo en su espíritu que despierta un poco de duda. No importa qué tan seguro usted crea que está, si su petición no es de Dios, Él no le dará total seguridad.

Es muy beneficioso escuchar la Biblia el domingo por la mañana o por otros medios, pero no hay sustituto para pasar tiempo a solas con el Salvador. La intimidad espiritual requiere de momentos en silencio cuando Dios puede hablar con claridad a su corazón y cuando usted puede hablarle con toda honestidad. Necesitamos pasar tiempo a solas en oración, meditación y adoración a Cristo. Venimos a oírle y no sólo a recibir de Él. Venimos a adorarle, a alabarle y a deleitarnos en Él.

También tenemos que dedicar tiempo al estudio de la Biblia. La Biblia revela quién es Dios y qué es lo que ha hecho. Si realmente queremos conocerle, separaremos tiempo para participar de la Palabra Viva, dejando que Su divino consejo sature nuestra mente. La lectura de biografías espirituales de personas piadosas puede fortalecer todavía más nuestro andar con Dios al observar cómo ha obrado en otras vidas. Estos escritos tienen mucho que decirnos acerca de los caminos de Dios.

Le aliento a poner a un lado cualquier deseo en su vida que reemplace su pasión por conocer a Cristo. Jesús lo quiere todo de usted, no sólo una parte. Puede comenzar hoy. Puede comenzar a conocer a Dios a un nivel nuevo y más profundo admitiendo su necesidad y pidiéndole que lo guíe en el conocimiento de Él. Cuando conocer a Dios se convierte en la pasión de su vida, usted también puede aprender a estimar «...todas las cosas como pérdida por la excelencia del conocimiento de Cristo Jesús...» (Filipenses 3.8).

CONOZCA A DIOS COMO SU PADRE

Cuando ora, ¿con qué nombre se dirige usted a Dios? Si bien todos los imponentes títulos que le hemos dado son apropiados, como cristianos tenemos el formidable privilegio de llamar a Dios «Padre». Lo cierto es que también podemos *conocerle* de esa forma. Nunca olvidaré el día en que esta realidad cobró vida en mí. Estaba sentado en mi oficina cuando nuestra asistente administrativa entró con su bebé de nueve meses de nacida. Me paré para admirar a la bebé, y antes que pudiera ofrecer una palabra de elogio, ella puso a la criatura en mis brazos. Al mirar a la diminuta bebé, me di cuenta que era de la misma edad que yo tenía cuando mi padre murió. Siempre que las personas me preguntaban acerca de él, simplemente les decía que él murió cuando yo era demasiado pequeño para conocerlo. Pero al estar allí de pie cargando a esa bebé, me di cuenta que *él sí me* había conocido. Nuestra relación con Dios es igual: Él nos dice: «Antes que te formase en el vientre te conocí, y antes que nacieses te santifiqué, te di por profeta a las naciones» (Jeremías 1.5).

La posibilidad de una relación personal con Dios era un concepto revolucionario antes de la venida de Cristo (Mateo 6.9). El Antiguo Testamento sólo contiene 15 referencias a Dios como «Padre», y éstas aluden a Él como el padre del pueblo hebreo. La noción de un Dios personal que entabla relaciones personales no se evidencia sino hasta el Nuevo Testamento. Sin embargo, ésa es la razón por la que Jesucristo vino a la tierra, para morir en la cruz por nuestros pecados y revelar al Padre celestial para que usted y yo pudiéramos conocerle íntimamente.

«Padre» aparece 245 veces en el Nuevo Testamento y era el término favorito de Jesús para aludir a Dios: Lo usó 14 veces sólo en el Sermón del Monte (Mateo 5-7), y también al comienzo de sus oraciones. El propósito del Señor era revelar que Dios no sólo es una fuerza trascendental en algún lugar del universo, sino más bien un Padre celestial amoroso y personal que está profundamente interesado en los detalles de nuestra vida.

La mayoría de las personas, incluidos los creyentes, no piensan en Dios como alguien tan cercano como un padre, especialmente si están viviendo en desobediencia. No obstante, las Escrituras reiteradamente se refieren a Él como «Padre». Las cartas de Pablo, por ejemplo, comienzan en esos términos, y el apóstol describe a los creyentes como la casa o la familia de Dios. Los llama hijos de Dios y coherederos junto con Su Hijo Jesucristo (Romanos 8.17).

El privilegio de conocer a Dios como Padre involucra más que incluirle en nuestra lista de conocidos, bien sea como persona o como espíritu. Va más allá de la simple familiaridad con Su gracia, amor y gentileza sin par, e incluso sobrepasa el conocerle en Su santidad, rectitud y justicia. Qué maravilloso que nosotros, simples seres creados, podamos conocerle personalmente como nuestro propio Padre celestial. Al dirigirse a Él como «Padre», Jesús reveló Su intención de que comprendamos lo que los santos del Antiguo Testamento no pudieron captar totalmente: Podemos tener la bendición de un parentesco íntimo con el Dios viviente del universo.

De hecho, es a través de la persona de Jesucristo que podemos conocer a Dios de esta manera. Desafortunadamente, muchas personas creen equivocadamente que tal privilegio le pertenece a toda la humanidad. A veces escuchamos frases como «la paternidad de Dios y la hermandad del hombre»; estos términos que nos suenan oficiales expresan la idea incorrecta de que Dios es el Padre de todos y que todos somos hermanos de todos. Por supuesto, ya que Dios es el Creador de la vida, podríamos en un sentido identificarle como el padre de la humanidad, pero la Biblia usa el nombre «Padre» para indicar una relación cercana y personal, lo cual ciertamente no es el caso para toda la humanidad.

Cuando Jesús dio a Sus discípulos un modelo para la oración, dirigió Sus palabras a «…Padre nuestro que estás en los cielos…» (Mateo 6.9).

Algunas personas argumentan que todos pueden hacer esta oración, pero note la línea que viene inmediatamente después: «Santificado sea tu nombre». Es interesante que justo a continuación de la referencia a nuestra relación con el Padre celestial se mencione la santidad de Dios, el mismo atributo que le separa del hombre pecaminoso. Así que, si bien es cierto que todos pueden *pronunciar* esta oración, sólo aquellos que verdaderamente pueden llamar a Dios su Padre tienen derecho a hacerla.

Más aún, Jesús dijo: «...Nadie viene al Padre, sino por mí» (Juan 14.6). Cualquier intento por acercarse al Padre evadiendo al Hijo equivale a llamar a Jesús un mentiroso. La clave es que la palabra «Padre» implica una relación y ser miembro integrante de una familia. Cristo es la puerta a la familia (Juan 10.9; Gálatas 3.26), así que, ¿cómo puede un incrédulo afirmar ser un «pariente» cuando rechaza la única entrada a la casa de Dios?

Jesús arroja más luz sobre el tema cuando dice a los fariseos incrédulos: «...Mi palabra no halla cabida en vosotros. Yo hablo lo que he visto cerca *del* Padre; y vosotros hacéis lo que habéis oído cerca de *vuestro* padre» (Juan 8.37-38, cursivas añadidas). A partir de esto sabemos que hay dos padres espirituales en el universo. Uno de ellos es Jehová, el Padre del Señor Jesucristo. Pero, ¿quién es el otro? Jesús se los explicó en detalle: «Vosotros sois de vuestro padre el diablo, y los deseos de vuestro padre queréis hacer. El ha sido homicida desde el principio, y no ha permanecido en la verdad, porque no hay verdad en él... Y a mí, porque digo la verdad, no me creéis» (vv. 44-45).

Eso suena severo, pero ya que nuestro Salvador siempre dice la verdad (Juan 14.6*a*), Sus palabras son dignas de confianza. Jesús dice que a menos que usted esté emparentado, por fe, con Jehová, su padre espiritual es Satanás. Jehová es Padre espiritual sólo de aquellos que aman a Jesucristo y confían en Él como Salvador. A menos que pueda afirmar eso, usted ha rechazado al Hijo de Dios, ha negado Su sacrificio a favor suyo en el Calvario, y por muy difícil que le resulte aceptarlo, su padre es el diablo.

Si no está seguro de a cuál familia pertenece, tome un momento para contestar estas preguntas: *¿Blasfemo el nombre de Dios, pero después digo que creo en Él? ¿Clamo a Él durante una crisis pero lo ignoro en otros momentos? ¿Amo a Jesús?* Recuerde, la Biblia dice que si usted no conoce al Hijo, no puede conocer al Padre (Juan 14.6).

Esta es la razón por la que Jesucristo vino al mundo, para darnos una visión de quién y cómo es el Padre. Juan 1.18 lo dice: «A Dios nadie le vio jamás; el unigénito Hijo, que está en el seno del Padre, él le ha dado a conocer». De hecho, Jesús nos dice: «...El que me ha visto a mí, ha visto al Padre...» (Juan 14.9). ¿Cómo reveló el Hijo de Dios a Su Padre? Llamó a los hijos hacia Sí y los sostuvo en Sus brazos; sanó a los enfermos; satisfizo las necesidades de las personas. En pocas palabras, hizo todo lo que haría un padre.

CÓMO EXPRESA DIOS SU PATERNIDAD

Al observar el patrón de padre que Dios establece, podemos entender mejor nuestra relación con Él. Asimismo, al dejarnos guiar por Él, podremos ejercer la paternidad hacia nuestros propios hijos de una manera apropiada. Con esto en mente, considere siete aspectos de la paternidad de Dios hacia nosotros.

En primer lugar, **Él desea una relación íntima con nosotros.** La Biblia nos dice que nos dirijamos a Él como «Padre» y no sólo como «Dios», «Rey Soberano», «Santo» o «Juez». Si bien debemos conocerlo en todos estos aspectos, Él quiere que nos demos cuenta que podemos y debemos acercarnos a Él abierta y transparentemente en lo que respecta a todo, incluyendo nuestras necesidades, debilidades y fracasos.

En segundo lugar, **Dios anhela comunicarse con nosotros.** Mateo 6.6 nos dice que encontremos un lugar apartado donde orar a nuestro Padre, «que ve en lo secreto y te recompensará en público». En otras palabras, Él oye cuando le hablamos y contesta a la oración. Él es el tipo de Padre al que podemos hablarle, y aunque puede que no nos dé todo lo que pedimos, responderá a nuestras peticiones dándonos lo que sabe que es mejor (Mateo 7.7-11).

Tercero, **Dios nos ama a cada uno de manera incondicional.** Es la naturaleza de Dios amar tanto al santo como al pecador, basándose exclusivamente en que Él *es* amor (1 Juan 4.8). El incrédulo simplemente se ha posicionado de tal manera que no puede experimentar dicho amor, una situación que puede remediarse confiando en Jesús como Salvador.

Luego, **nuestro Padre celestial satisface todas nuestras necesidades.** Las Escrituras nos aseguran que Dios conoce nuestras necesidades, aun antes que le pidamos por ellas, y Él nos las suplirá todas «conforme a sus riquezas en gloria en Cristo Jesús» (Mateo 6.8; Filipenses 4.19). Sus recursos son ilimitados, así que podemos tener certeza que ninguna de nuestras necesidades quedarán insatisfecha.

Además, **Dios disciplina a Sus hijos** (Hebreos 12.5-10). Él nos alecciona y educa no por ira, sino con amorosa corrección para nuestro propio bien. Esta educación es, de hecho, evidencia de que realmente somos Sus hijos.

Dios siempre nos guía a hacer lo que es correcto. Jesús dijo que el Espíritu Santo, nuestro Consolador, nos guiaría a toda la verdad (Juan 14.26; 16.13). Dios nunca nos lleva en la dirección equivocada, Él «enderezará [nuestras] veredas» si confiamos en Él y no en nuestra propia intuición (Proverbios 3.5-6).

Por último, **nuestro Padre celestial siempre está con nosotros.** Si bien los padres humanos no pueden garantizar que estarán con sus hijos para siempre *físicamente*, en otro sentido, siempre pueden «estar allí». Por ejemplo, hasta el día de hoy puedo escuchar la manera en que mi madre decía «Charles» cuando oraba por mí delante de Dios. Todavía recuerdo algunas peticiones específicas en oración que ella hacía a favor mío, y sigo percibiendo su compasión, amor y preocupación por mí. Aunque dejé el hogar a los 18 años para ir a la universidad, nunca me fui de *casa*, pues sigo viviendo con los retos de mi madre para ser el mejor y hacer lo mejor que pueda. Con mucha mayor razón, Dios promete nunca dejarnos ni abandonarnos (Hebreos 13.5), y Su Espíritu, quien mora dentro de nosotros, siempre está disponible para guiarnos y persuadirnos.

¿Conoce a Dios como su Padre celestial? Si no es así, debe darse cuenta que Él está listo para adoptarle en Su familia (Romanos 8.15; Gálatas 3.26). Todo lo que hace falta es confiar en Su Hijo Jesucristo como su Salvador personal. Como dice Juan 1.12: «Mas a todos lo que le recibieron, a los que creen en su nombre, les dio potestad de ser hechos hijos de Dios».

POR QUÉ HABLA DIOS

El Dios a quien servimos no es una deidad distante y silenciosa. Él se ha venido comunicando con Su creación desde el principio (Génesis 2.16), ocasionalmente por medio de una voz audible pero también de otras maneras (Éxodo 3.4; Hebreos 1.1). Desde el primer siglo, nos ha hablado a través de Su Hijo Jesucristo (Hebreos 1.2), y nos sigue hablando cuando leemos las Escrituras, cuando oramos y cuando buscamos consejo piadoso de otros creyentes.

Usted podría preguntarse, *¿Por qué querría Dios comunicarse hoy? ¿Qué tiene que decirnos?* Creo que hay varias razones por las que Dios habla. La primera es que nos ama y desea un vínculo íntimo con Sus hijos. Como en cualquier relación en vías de desarrollo, la conversación tiene que fluir en dos direcciones: Debemos estar dispuestos no sólo a hablarle a Él, sino también a escucharlo.

Una segunda razón es para que Él nos guíe. El pueblo de Dios hoy necesita tanta sabiduría y consejo como los necesitaron los santos de la Biblia. Todavía necesitamos dirección en cuanto a las finanzas, la familia, nuestra carrera profesional, la iglesia, la salud y la vida diaria. La sabiduría divina es esencial si hemos de tomar decisiones sanas. Es por esta razón que Dios envió al Espíritu Santo para que sea nuestro Guía y Maestro (Juan 16.13; 14.26).

Una manera en que el Espíritu obra es por medio de la «iluminación», lo cual sucede cuando estamos leyendo la Palabra de Dios y de repente Su mensaje se nos hace claro. Si queremos que el Espíritu ilumine las profundas verdades del Señor, hemos de darle algo con que pueda obrar. Debemos asimilar palabras de las Escrituras con regularidad para que Él nos pueda ayudar a comprender su significado.

Otro propósito que Dios tiene para hablar es darnos consuelo y tranquilidad. En la Biblia, Dios habló a numerosas personas que estaban pasando por penurias y persecuciones, recordándoles Su control soberano sobre todas las situaciones en que se encontraban y fortificando su fe. No somos diferentes a las personas que vivieron en tiempos bíblicos; así como los hijos de Israel necesitaban de la confianza en Dios para cruzar el Mar Rojo, usted y yo pasamos por experiencias turbulentas en nuestras vidas, y nuestra fe también necesita ser fortalecida.

Una última razón, y creo yo, la fundamental, es que Dios quiere que lo conozcamos. Aunque nunca podremos captar a plenitud todas las facetas y maravillas de quién es Dios, Él quiere que pasemos nuestra vida descubriendo más y más acerca de Él. Él le habla a usted, Su hijo(a), para revelarle más de Sus ilimitadas cualidades.

LA VOZ DE NUESTRO PADRE

Dios usa una serie de métodos para comunicarse con nosotros: Nos habla a través de Su Palabra y del Espíritu Santo, así como también por medio de las personas y las circunstancias. Dios tiene propósitos específicos para impartirnos Sus pensamientos. Él desea que comprendamos Su verdad para que ésta pueda darle forma a nuestra vida y así podamos compartir Sus Buenas Nuevas con los demás.

Puesto que Dios tiene alguna intención en particular al comunicarse con nosotros, tenemos que preguntar, *¿Qué pasa cuando no escuchamos?* Podemos encontrar la respuesta al principio de la Biblia, en el relato de Adán y Eva. Sabemos que Dios le habló muy claramente al primer hombre (Génesis 2.16-17), instruyéndole que no comiera del árbol del conocimiento del bien y del mal. El problema es que el primer hombre y la primera mujer entendieron perfectamente (Génesis. 3.2-3) pero no obedecieron. Su desobediencia marca el inicio del problema del pecado del hombre, el cual ha atormentado a la raza humana a lo largo de toda la historia. Toda persona que nació de allí en adelante, con la única excepción del Señor Jesucristo, vino a este mundo con una naturaleza pecaminosa cuyo origen se remonta a Adán. Eso significa que usted y yo nunca hemos conocido a un ser humano perfecto. El origen de todo pecado, de todo sufrimiento, de todo dolor, de todo problema, de toda guerra, de todo derramamiento de sangre y de toda violencia, puede rastrearse hasta el huerto de Edén.

Desafortunadamente, lo que ocurrió en la primera familia siglos atrás ha estado sucediendo de alguna forma con cada familia desde entonces. Al igual que Adán y Eva, tan pronto recibimos las instrucciones de Dios, nosotros también somos responsables por lo que hayamos oído o leído. Podemos evitarnos mucho dolor y muchos problemas al acatar lo que el Señor nos comunica, pues el no escuchar trae como resultado severas repercusiones. Al estudiar el relato de Génesis 3, podemos identificar ocho consecuencias por ignorar las instrucciones del Señor:

1) *Terminamos escuchando las voces equivocadas* (vv. 1-2). De manera inequívoca, Eva había escuchado el mandamiento de Dios. Pero, aun cuando lo había entendido, comenzó a escuchar otra voz. La serpiente habló e insertó un signo de interrogación a lo que ella recordaba de las palabras de Dios: «¿Con que Dios os ha dicho…?» La mujer se dejó atraer para entablar una conversación con la serpiente. La voz que escuchó no le era familiar, no era la voz de su Creador ni la de su esposo, pero ella prestó atención y permitió que suplantara la clara orden de Dios. Como resultado de ello, Eva cayó en pecado, al igual que cualquiera hoy que deja de escuchar a Dios y le presta oídos a Satanás.

Considere cuántas voces escuchamos en un día dado. Lo que leemos y escuchamos continuamente bombardea nuestras mentes, corazones y espíritus. Entre la televisión, la radio, el periódico y las revistas, sin mencionar las opiniones de amigos y compañeros de trabajo, recibimos un aluvión de filosofías vanas, erróneas e impías. Debemos elegir entre escucharlas o no. Cuando no prestamos atención a las palabras de Dios o no nos recordamos continuamente los principios bíblicos, comenzamos a escuchar voces equivocadas, y así es como nos alejamos de Dios.

2) **Somos fácilmente engañados** (v. 4). Note cómo Satanás toma lo que Dios dice y lo distorsiona. El Señor dijo a Adán y Eva que si comían del árbol del conocimiento del bien y del mal, «...ciertamente morirás» (Génesis 2.17). Satanás usa justo lo necesario de la verdad como para sonar creíble, pero luego adorna el asunto de una manera muy sutil: «No moriréis». Satanás por naturaleza miente y engaña, «...porque no hay verdad en él... es mentiroso, y padre de mentira» (Juan 8.44).

Satanás engaña con lo que sabe que va a atraer, no con la verdad. Dice por ejemplo: «Necesitas esto», «debieras tener eso», o «esto es exactamente lo que has estado buscando». Probablemente dijo: «Ahora bien, Eva, tienes que ver el panorama completo: Dios no quiere que ustedes sepan lo que Él sabe, porque el día que ustedes coman del fruto de ese árbol, serán exactamente como Dios». Sucede que Eva sí aprendió algunas cosas cuando comió del fruto. ¿Cuántos de nosotros hemos aprendido algunas cosas que desearíamos no haber aprendido nunca?

3) **Expresamos orgullo e independencia** (Proverbios 16.17-19). La raíz fundamental de todo pecado es el orgullo, que equivale a decir que sabemos más que Dios y que podemos manejar la situación a nuestra manera. Esto es en realidad un acto de rebelión, porque es imposible

saber más que un Dios omnisciente y que es todo sabiduría. Sus mandamientos no han sido dados para hacer la vida aburrida; cada «No» en la Biblia es una expresión de Su amor y protección hacia Sus hijos.

4) *Tomamos decisiones que agradan a la carne* (v. 6). Satanás nunca nos tienta ofreciéndonos crecimiento espiritual, una mejor vida de oración o maneras más efectivas de compartir nuestra fe. No, Satanás siempre llama a la carne, no al espíritu. No hay nada malo con los deseos que han sido dados por Dios, pero Satanás toma nuestros anhelos legítimos y, con nuestra cooperación, los desequilibra. Tal como hizo con Eva, el diablo recurre a tres anhelos que todos tenemos: Los apetitos humanos, la belleza y la sabiduría. Luego los tuerce para que en vez de simplemente desearlos y disfrutarlos, comencemos a codiciarlos y dejar que nos controlen. De ese modo, lo que Dios dio en libertad termina esclavizándonos. Sin embargo, al depender del Espíritu Santo, podemos tener la sabiduría y la dirección para mantener los anhelos dentro de los parámetros que Dios diseñó para nosotros.

5) *Excusamos nuestros errores y culpamos a otras personas* (vv. 12-13) Cuando Dios le preguntó a Adán por qué se estaba escondiendo, de inmediato señaló a Eva. De hecho, ¡en cierto sentido culpa a Dios mismo por haberle dado a la mujer! A su vez, Eva le echó la culpa a la serpiente. Ninguno pudo salir librado de la culpa con justicia porque ambos conocían el mandamiento y por lo tanto, eran responsables. Además, el diablo no puede hacer que un creyente haga algo; puede que consintamos ceder a su tentación, pero en última instancia somos los responsables de tal decisión. Las personas hoy día le echan la culpa a todos, desde sus padres y familiares, pasando por sus compañeros de trabajo hasta la sociedad misma. Pero debemos reconocer que «pasar la pelota» no resuelve nada y que nosotros mismos somos responsables ante Dios por nuestras elecciones y comportamiento.

6) *Sufrimos las consecuencias* (vv. 14-19). Las tres partes involucradas tuvieron que enfrentar los resultados de su desobediencia. Satanás fue sentenciado a la destrucción final. Luego, Dios anunció que la mujer sería gobernada por el hombre y que experimentaría dolor en el parto. También declaró que el hombre tendría que dejar el huerto y trabajar arduamente para ganarse el pan. Además, todos los humanos experimentarían la muerte.

En este punto, algunas personas observan los castigos y sólo ven dureza. Sin embargo, lo que Dios hizo en medio de Su justicia, en medio de Su condenación justa por el pecado de ellos, fue ofrecer un camino para que fueran perdonados y limpiados. Si Dios no hubiera hecho algo por remediar la situación, la humanidad estaría ahora eterna y totalmente separada de Él. Por eso dice: «Y Jehová Dios hizo... túnicas de pieles» (v. 21). Desde el primer libro de la Biblia vemos no sólo la justicia de Dios sino también Su gracia, haciendo por Adán y Eva lo que definitivamente jamás habrían podido hacer por sí mismos. No habrían sabido qué hacer, ni habrían sabido cómo hacerlo.

Si nunca antes ha confiado en Jesucristo como su Salvador personal, simplemente está tan indefenso como lo estaban Adán y Eva. La única manera posible para que sus pecados sean perdonados es que venga al pie de la cruz, donde Jesucristo murió. Nuestro pecado queda cubierto solamente por la gracia del Dios Todopoderoso, y se simboliza por medio del derramamiento de la sangre y la provisión de las pieles.

7) *Causamos sufrimiento a los demás a nuestro alrededor* (vv. 6, 17-19). Hemos visto cómo el pecado y su sufrimiento resultante se extendieron de la primera mujer al primer hombre cuando ella le dio el fruto prohibido. La angustia continuó esparciéndose cuando el pecado envenenó más a su familia: La Biblia registra que el primogénito de Adán y Eva, Caín, asesinó a su hermano menor, Abel. Así desde la primera familia de la tierra, presenciamos asesinato, celos y

conflictos. A lo largo de los siglos, Satanás de algún modo u otro ha ejercido su influencia con discordia, confusión o derramamiento de sangre en todas las familias. Todos estamos afectados porque el pecado no es algo que podamos aislar. En otras palabras, si usted y yo pecamos contra Dios, vamos a herir a alguien más.

8) *Desaprovechamos lo mejor de Dios.* Cuando Dios creó a Adán y Eva, quería que vivieran en el huerto del Edén, con toda su absoluta perfección. Allí, Dios había provisto para cada una de sus necesidades posibles, y además, ellos no sentían culpa o vergüenza alguna (Génesis 2.25). Pero eligieron desobedecer, y como resultado de ello, la primera familia sufrió horribles consecuencias, incluyendo ser echados de su ambiente perfecto.

A pesar de que el pecado se ha esparcido a toda la raza humana, hay una buena noticia: Usted puede recibir el perdón de su pecado. Pero sólo hay una forma, y es recibiendo al Señor Jesucristo como su Salvador personal. Siempre guarde las palabras y las doctrinas de Dios delante de usted, por medio de pasar tiempo en Su Palabra con frecuencia y regularidad, participar en la adoración colectiva, así como aumentar su conocimiento y aplicarlo a su vida principio por principio. Si usted renueva su corazón y su mente constantemente con la verdad de Dios, podrá resistir el señuelo de las voces que compiten con ella. Cuando esto se haga difícil, Dios moverá cielo y tierra para obtener su atención. ¡*Así de grande* es Su amor por usted!

LA PRESENCIA DE ÉL ES SEGURA

He vivido solo durante los últimos doce años. Si alguien me hubiese dicho hace una década que podría lograrlo, le habría dicho «de ningún modo». Y sin embargo, hoy tengo la más formidable sensación de paz, felicidad y gozo en mi corazón porque sé que nunca estoy realmente solo. Hubo una época en que me molestaba entrar a mi hogar vacío, pero después de un tiempo el Señor me recordó que siempre está conmigo. Pienso en todo el tiempo adicional que tengo en estos días para pasar con Él. Lo que al principio era mi motivo de queja, Él lo convirtió en una verdadera comodidad. Ahora sé que Él es suficiente y que convertirá las horas solitarias en un tiempo fructífero en mi vida. De hecho, ya es una realidad.

No hay sustituto para la intimidad personal con Dios. Nada en la vida se compara con ella, es la clave para todo. La mayoría de las personas buscan una vida que sea emocionante y plena, y buscan en todos los lugares equivocados: Dinero, prestigio y más que todo en relaciones. Buscan algo que puedan obtener para realizarse, o alguien a quien puedan conocer y que haga que sus vidas insignificantes cobren valor. Pero no hay nada que podamos hacer ni nadie a quien podamos conocer que llene completamente el vacío en nuestros corazones. Como dijo Tomás de Aquino: «Hay un vacío que tiene la forma de Dios en todos nosotros». Lo único que puede llenar el anhelo indescriptible dentro de cada corazón humano es la presencia de Dios. El regalo de Su Hijo que permanece en nosotros es totalmente suficiente para todo lo que hacemos.

A fin de experimentar la intimidad con el Padre celestial, Él debe ser verdaderamente más importante que cualquier otra cosa que usted busque en la vida. Es importante tener metas y relaciones, pero su búsqueda fundamental en la vida debe ser conocer a Dios. Cuando pienso en todas las cosas por las que he pasado en la vida, considero mi relación con Dios absolutamente como algo de importancia fundamental. Él siempre ha estado allí para tranquilizarme y ayudarme a pasar por las pruebas de la vida, por muy duras que éstas hayan sido.

Lectura Bíblica Sugerida

JUAN 1.18; 6.37; 8.37-45; 14.6-9, 26; 15.4-5; 16.13;
17.3; FILIPENSES 3.7-12; 4.19; OSEAS 6.3;
COLOSENSES 2.3; MATEO 5-7; JEREMÍAS 1.5;
ROMANOS 8.15-17; JUAN 10.9; GÁLATAS 3.26;
1 JUAN 4.8; HEBREOS 1.1-2; 12.5-10; 13.5;
PROVERBIOS 3.5-6; GÉNESIS 2.16-17, 25; 3
y ÉXODO 3.4.

Oración

Querido Padre, sé que no puedo fabricar un deseo
de amarte tan profundamente como debiera. Oro
para que pongas en mi corazón una sed por Tu
Palabra y un anhelo por tener comunión contigo.

RECURSO PARA
LOS PRINCIPIOS
DE LA VIDA

Diario

- ¿Qué significa "permanecer en Cristo"?

_____

_____

_____

_____

_____

_____

- ¿Es conocer a Cristo su máximo objetivo?

_____

_____

_____

_____

_____

_____

¿Le parece que la vida cristiana no resulta para usted?
Descubra la función del Espíritu Santo para darle forma y poder
y así caminar en su vida de fe visitando
www.institutocharlesstanley.com hoy mismo.

RECURSO PARA
LOS PRINCIPIOS
DE LA VIDA

Principio
4

Confíe en el Señor y Él cumplirá Su propósito

¿PUEDE USTED CONFIAR EN EL SEÑOR?

Es fácil confiar en el Señor cuando las cosas van como usted quiere. Ahora bien, cuando llegan a su vida las pruebas dolorosas que le dejan con frustración, preocupación o desesperación, ¿confía entonces en Él? Al enfrentar la adversidad, muchas personas se preguntan, *¿Me ama Dios en realidad?*, y concluyen que un Padre que en verdad se preocupara no permitiría que el dolor y la dificultad afectaran las vidas de Sus hijos. A veces empiezan a cuestionar incluso si Él está *dispuesto* a hacer algo respecto a sus circunstancias.

En el Salmo 50.15, Dios le dijo a David: «...Invócame en el día de la angustia; te libraré y tú me honrarás». ¿Podemos realmente depender de Él y confiar en que lo hará? Para los seguidores de Jesucristo es importante entender que Él no solo puede, sino que está dispuesto a cumplir cada una de las promesas en la Biblia. Incluso cuando no podemos entender por qué Dios permite que se den ciertas situaciones, existen tres verdades esenciales que forman la base para confiar en Él sin importar lo que suceda.

La primera verdad es que Dios es perfecto en Su amor. En otras palabras, Él *siempre* hace lo que es mejor para nosotros. Si realmente creemos esto, siempre confiaremos en Él en nuestras pruebas más difíciles. Satanás, quien obra para socavar nuestra confianza, a menudo se aprovecha de las adversidades de la vida para cuestionar los motivos del Padre. Nos susurra: «Si el Señor realmente te amara, no habría permitido que esto sucediera». El enemigo quiere que asociemos el aguijón de la disciplina espiritual con una falta de interés divino. Sin embargo, la verdad es exactamente lo opuesto. Hebreos 12.6 dice: «Porque el Señor al que ama, disciplina, y azota a todo el que recibe por hijo». Así que, si bien el pensamiento natural dice que la paz y la felicidad son una muestra del amor de Dios, la Biblia dice que la dificultad y la disciplina son en realidad la evidencia de que somos miembros de Su familia. La razón es clara. Dios se preocupa por nosotros tanto que no permitirá que nos quedemos en la condición en que estamos. En vez de ello, quiere transformarnos a la semejanza de Su Hijo.

Podemos depender del amor de Dios con base en Su carácter, ya que amar es su naturaleza misma (1 Juan 4.8). La Biblia dice: «...No hay ningunas tinieblas en él» (1 Juan 1.5). En otras palabras, Él es absolutamente santo, justo y perfecto, y por lo tanto, nunca podría maltratar a ninguno de Sus hijos. Siempre hará lo que es positivo y bondadoso en nuestras vidas. El **Calvario** es una prueba fehaciente del profundo amor de Dios por la humanidad. Todos estábamos en extrema necesidad de perdón y de rescate del castigo por el pecado, pero no podíamos salvarnos a nosotros mismos. Nuestra deuda sólo podía ser satisfecha por medio del pago de una vida perfecta (Deuteronomio 17.1). El Padre celestial hizo posible nuestra salvación enviando a Su Hijo Jesús a morir en la cruz como nuestro sustituto, lo cual es evidencia indisputable de Su amor propiciatorio e infinito por la humanidad (Romanos 5.8). El amor de Dios también se revela en el pacto que expresa Su intención de hacernos Sus hijos. (Jeremías 31.33). Una vez que confiamos en Jesucristo como nuestro Salvador personal, nos convertimos en miembros de la familia de Dios. Nuestro perfecto Padre celestial es paciente, amoroso y bondadoso con nosotros. Él entiende que somos niños aprendiendo a vivir en esta vida.

Dios nos ama de manera perfecta. Cada acción que realiza en nuestra vida o que permite en ella es una expresión de Su amor, aun cuando permite algunas situaciones que pensamos que no sería posible que pudieran ser para nuestro bien. Siempre recuerde que Dios es omnisciente, Él ve el final desde el principio y sabe exactamente qué fruto saldrá de nuestros dolores y retos. Así no entendamos Sus razones para permitir ciertas penurias, nuestras dificultades no indican en modo alguno que Él no sea bueno.

La segunda verdad esencial es que Dios es infinito en sabiduría. Nunca tiene que someter a votación a las huestes angélicas ni consultar a nadie para obtener un consenso en cuanto a la acción más sabia a tomar. En Su conocimiento ilimitado, siempre sabe qué es lo absolutamente mejor para nosotros y actúa conforme a ello. Sin importar cómo se vean las circunstancias a nuestro alrededor, debemos recordar que Dios conoce el curso de acción óptimo en cada situación y que sólo beneficiará a Sus hijos.

A veces vemos las dificultades que estamos enfrentando y pensamos: «Bueno, Señor, sé que eres infinitamente sabio, pero creo que te has olvidado de algo». Tenga por cierto que Él no ha pasado por alto ni un solo factor. En nuestro entendimiento y razonamiento limitados, simplemente no vemos las cosas desde la perspectiva de Dios. Tal vez tengamos toda la información que humanamente sea posible recopilar, pero Dios está al tanto de *todo* aquello que influye en la situación así como también de todas las consecuencias potenciales para usted y para aquellos a su alrededor. Sólo Él comprende la totalidad de cada decisión. Y porque es infinitamente sabio, simple y llanamente no puede equivocarse (Proverbios 3.5-6).

Si bien Él entiende completamente toda situación, no tiene obligación en absoluto de informarnos sobre las razones de Sus acciones o decisiones. Por ejemplo, Dios no explicó por qué dejó que José desfalleciera injustamente en prisión durante 13 años antes de elevarlo al cargo de primer ministro (Génesis 39–41). Tampoco explicó en detalle por qué los israelitas tuvieron que vivir más de cuatro siglos como esclavos en Egipto antes de rescatarlos milagrosamente y hacer de ellos una nación (Éxodo 12.41).

Probablemente una de las cosas más duras para mí es ver a algunas de las personas más maravillosas y piadosas que conozco, atacadas por algún cáncer maligno. En algunos casos mueren, sin importar cuánto se ore y se confíe en Dios. Sé cuál será el resultado, pero no puedo hacer nada al respecto y me siento totalmente impotente.

En mi línea de trabajo veo a muchas personas enfermas. Tanto jóvenes como ancianos son atacados por enfermedades que debilitan sus cuerpos y los dejan discapacitados. Pienso en los veteranos de guerra que conozco, algunos de ellos están en sillas de ruedas, incapaces de caminar e incluso alimentarse por sí solos. Al parecer, aquellos con aflicciones físicas tienen los cuerpos más frágiles pero los espíritus más dulces. Pienso, *Dios, toda mi vida he sido bendecido con salud física mientras que otros han padecido todo el tiempo.* Simplemente hay algunas cosas que no entiendo, y nunca alardeo de tener entendimiento. Sólo tengo que decir: *Dios, Tú tienes el control. Tú ves el resultado final. Si pudiera ver el resultado final en la vida de esa persona, o si pudiera ver lo que estás haciendo a nivel mundial, estoy seguro que estaría de acuerdo Contigo. Pero en este momento no sé hacer más que confiar que en Tu sabiduría, Tú sabes qué es lo mejor que se debe hacer.*

Si bien no tenemos derecho alguno a conocer las razones de Dios en su totalidad, nuestra falta de dicha información es justamente lo que crea nuestros sentimientos de frustración, preocupación y duda. Considere la ironía de la situación. Si nosotros, en nuestra limitada sabiduría humana, *pudiéramos* comprender los motivos y las acciones de Dios, eso en sí sería causa para dudar de Él, ¡ya que Su pensamiento no sería mejor que el nuestro! Pero el hecho de que la lógica de Dios supera ampliamente la nuestra (Isaías 55.8-9) es la razón por la que *podemos* confiar en Él: No tenemos causa legítima para dudar de Dios porque Él es un Dios infinito en sabiduría que sabe cuál es la mejor acción a tomar en nuestra vida.

La tercera verdad esencial es que Dios es completamente soberano en cuanto a Su control. Él tiene autoridad absoluta sobre todo en la creación. En otras palabras, así ocurriera un solo evento diminuto en el universo fuera del poder y el control de Dios, ya no podríamos confiar en Él. En ese caso, no podríamos tener certeza de que Él obraría en toda situación para nuestro mayor beneficio. Pero podemos confiar en Él porque es soberano y por lo tanto, tiene control perfecto y completo sobre cada detalle de la vida.

Cuando Pilato le preguntó a Jesús: «¿No sabes que tengo autoridad para crucificarte, y que tengo autoridad para soltarte?» El Señor le respondió: «...Ninguna autoridad tendrías contra mí, si no te fuese dada de arriba...» (Juan 19.10-11). Antes de esto, Jesús tranquilizó a Sus discípulos diciéndoles que ni siquiera un pajarillo, cuyo valor era apenas medio centavo, caía a tierra de no ser por la voluntad del Padre (Mateo 10.29). En otras palabras, sea grande o pequeña la circunstancia, Dios tiene el control absoluto.

Algunos podrían preguntar: «Entonces, ¿qué decir de los accidentes de aviación, los incendios o los ataques terroristas? ¿Estaba Dios en todo eso?» Él sigue teniendo el control total, aunque ésta es una idea difícil de aceptar para la mente humana. Algunas personas encuentran consuelo en la idea de la suerte, el destino o la casualidad, porque confiar en Dios puede parecerles difícil cuando la tragedia golpea. Pero, ¿qué le sucede al amor perfecto, a la sabiduría infinita y a la soberanía total de Dios si la suerte, el destino y la casualidad juegan algún papel? Estas palabras ni siquiera deben estar en el vocabulario del creyente. Nunca podríamos confiar en Dios si los eventos pudieran tener lugar fuera de Su control.

Hace poco cayó nieve en Georgia, un raro suceso, y las carreteras quedaron tan cubiertas de hielo que la mayoría de las iglesias de Atlanta cerraron sus puertas. No veo televisión muy a menudo, pero esa mañana me encontré solo en casa con tiempo adicional. Me instalé para ver un documental que previamente había grabado acerca de Auschwitz y los nazis. Por casi dos horas, estuve sentado en mi sala totalmente abrumado por lo que veía, todo tipo de maldad imaginable. Fue terrible. Cuando acabó el programa, caminé por mi casa y pensé: *Dios ¿cómo he de responder a esto? Este tipo de maldad es muy real.* Pensé en los millones de personas que Hitler mató, al igual que Stalin y Mao Tse Tung que asesinaban a miles de personas a la vez. A manos de esos tres hombres, millones de personas perdieron sus vidas. ¿Cómo se supone que he de responder a este horror?

Siempre regreso al Salmo 103.19: «Jehová estableció en los cielos su trono, y su reino domina sobre todos». No sé por qué Dios permitió que ocurriera el holocausto. No sé por qué miles de personas murieron a manos de los terroristas el 11 de septiembre del 2001, o por qué un tsunami mató a más de 170 mil personas en algunos de los países más pobres sobre la faz de la tierra. Pero he llegado a la conclusión de que hay algunas cosas que no voy a entender a este lado de la eternidad. Bien que su propósito fuera despertar al mundo a la realidad del mal o hacernos conscientes de la incertidumbre de la vida, no lo sé. Sólo tengo que confiar en Dios que de algún modo, de alguna manera, Él cambiará estas cosas para bien.

Vivimos en un mundo malvado y vil donde estamos sujetos a las consecuencias del pecado. Muchas circunstancias no son la voluntad perfecta de Dios, pero Él las permite en Su voluntad permisiva, a pesar del dolor que causan. En Su omnisciencia, Dios sabe qué es mejor al final, incluso las consecuencias a largo plazo de las tragedias que parecen crueles e inexplicables. No debemos dudar de Dios ni abandonar nuestra confianza cuando carecemos de entendimiento. En vez de ello, debemos rendirle nuestra vida a Él, aceptando por fe que Él es bueno y digno de nuestra confianza total.

Nuestras vidas le pertenecen a nuestro Dios soberano, omnisapiente y amoroso, y nada puede tocarnos excepto lo que Él permita. Algunas veces, eso incluye penurias y sufrimiento que nos dejan preguntándonos: *¿Cómo puede ser esto bueno de alguna manera?* Y sin embargo, más tarde, muchas personas que han pasado por pruebas tremendas miran atrás y dicen: «Detesté la dificultad mientras pasé por ella y me preguntaba si Dios me había abandonado, pero ahora que estoy al otro lado, puedo ver por qué la permitió». Si bien no todos entienden del todo esta dimensión espiritual, sucede con suficiente frecuencia para que recibamos consuelo al darnos cuenta que Dios tiene Sus propósitos y en Su tiempo perfecto traerá bendición de nuestras pruebas (Romanos 8.28).

Así que cuando enfrente luchas, recuerde que Dios tiene en mente su beneficio máximo. Él quiere que usted confíe en Él como su Salvador personal y que le entregue su vida a Él. No hay razón para dudar de Él, porque es perfecto en Su amor, infinito en Su sabiduría y soberano en Su control de todo el universo. ¿Por qué deberían los cristianos inquietarse, si incluso al pasar por los valles más profundos y oscuros de la vida, puede haber un gozo y una confianza perdurables? No importa qué le suceda a usted, nuestro Padre celestial quien es todo amor, todo sabiduría y todo poder le tiene en la palma de Su mano.

CONFIAR EN DIOS SIGNIFICA VER MÁS ALLÁ DE LO QUE VEMOS HACIA LO QUE DIOS VE

Con frecuencia las Escrituras usan el acto de andar como una descripción del comportamiento de los creyentes. Por ejemplo, nos dicen que andemos como hijos de luz, que andemos en la verdad, que andemos según el Espíritu y que andemos en amor. Colosenses 2.6 usa esta expresión para darnos un mandamiento importante: «Por tanto, de la manera que habéis recibido al Señor Jesucristo, andad en él». La pregunta que debemos hacer es: ¿Qué significa «andar en Cristo»?

Aquí la palabra *en* no tiene un uso literal, como «el martillo está *en* la caja de herramientas». Más bien, se refiere a una relación vital, una unión entre el creyente y el Señor. Así como una boda marca el comienzo de una nueva relación para un hombre y una mujer, recibir a Cristo como Salvador inicia una comunión íntima entre el Señor y Su seguidor. Lo que Dios desea no es simplemente perdonarnos, sino desarrollar una relación estrecha y cada vez más profunda con cada uno de Sus hijos. Quiere hacernos saber que el Hijo de Dios es la fuente de todo. Jesucristo es para el creyente lo que la sangre es para el cuerpo: Indispensable para la vida.

Por lo tanto, «andar en Cristo» se refiere a una relación dinámica con el Señor. Así como es imposible caminar mientras se está quieto, los creyentes se están moviendo, ya sea hacia adelante, avanzando en su vida cristiana, o hacia atrás, retrocediendo. La clave para saber cómo progresar se encuentra en ese mismo versículo de Colosenses: «Por tanto, *de la manera que habéis recibido al Señor Jesucristo*, andad en él». ¿Cómo es que usted y yo recibimos a Cristo? Por fe. A fin de nacer de nuevo, confiamos en el testimonio de la Palabra de Dios. La vida cristiana debe «andarse» (vivirse) de la misma manera.

Muchas personas andan según lo que ven y sienten, pero permitir que nuestros sentidos físicos nos guíen espiritualmente no funciona porque el Señor simplemente no brindará toda la información que nos gustaría tener. En vez de ello, quiere que confiemos en Él a diario cualquier necesidad que podamos tener. A esto se debe el mandato para los seguidores de Jesucristo: «Porque por fe andamos, no por vista» (2 Corintios 5.7). Debemos dar el primer paso por fe, y luego el siguiente, no sabiendo exactamente hacia dónde nos llevará, pero confiando en que nuestro Dios omnisciente y amoroso tiene nuestro mayor beneficio en mente. Andar en fe significa tener una relación personal con Jesucristo que da como resultado confiar en Él para toda circunstancia de la vida y creer todo el tiempo que Él hará lo correcto y lo que nos beneficia, sin excepción.

APRENDIENDO A ANDAR POR FE

¿Qué hace cuando enfrenta un desafío que parece insuperable? Proverbios 3.5-6 nos instruye: «Fíate de Jehová de todo tu corazón, y no te apoyes en tu propia prudencia. Reconócelo en todos tus caminos, y él enderezará tus veredas».

El primer requisito para vivir una vida de fe es una relación personal con Jesucristo. A menos que le conozcamos, no podemos discernir Su voluntad para nuestras vidas. Cuando se presenta una oportunidad delante de nosotros, aquellos que deseamos vivir por fe queremos saber si es Dios quien nos está guiando, y no nuestra propia motivación.

Dios tiene un propósito para cada situación en la que nos encontramos. Con Dios no hay coincidencias. Él es el arquitecto detrás de toda bendición que se nos presenta. En momentos de prueba y de dolor, Él está obrando de maneras que desconocemos para darnos bondad y esperanza en medio de cada dificultad. Sin embargo, muchas personas se preguntan si Dios verdaderamente tiene un plan para sus vidas. La respuesta es sí. El primer paso para comprender este plan viene cuando comenzamos a desarrollar una relación íntima con Él. La salvación es el punto de partida. Cuando reconocemos nuestra necesidad de un Salvador, oramos y le pedimos que perdone nuestros pecados y nos limpie de nuestra injusticia, Dios nos rescata de una muerte eterna.

Dios, en Su gracia, nos adopta en Su amor y misericordia eternos. Nos perdona y lava la mancha que el pecado ha dejado en nuestra vida (Isaías 1.18). Luego, nos prepara para la bendición, no necesariamente en un sentido material, sino espiritual y emocional. Puede que una persona tenga una inmensa riqueza material pero esté espiritual y emocionalmente en bancarrota. Abraham no era un hombre pobre. Era un líder entre su pueblo. Dios le había dado la capacidad para ver más allá de los desafíos inmediatos hacia las bendiciones del futuro.

Cuando Dios le mandó sacrificar a su único hijo sobre el altar, Abraham no se encogió de miedo ni se quedó en vela toda la noche preguntándose cómo el Señor proveería para él. Confió en Dios, y al hacerlo, pudo tener comunión con Él. La Biblia nos dice que Abraham creyó en Dios y su fe le fue «contada» «...por justicia...» (Génesis 15.6).

Hay dos cosas que son esenciales para vivir una vida motivada por la fe. Primero, debemos creer que Dios existe. Segundo, debemos creer que Él hace lo que ha prometido hacer. Hebreos 11.6 nos dice que «...sin fe es imposible agradar a Dios; porque es necesario que el que se acerca a Dios crea que le hay, y que es galardonador de los que le buscan». La fe no es una meta que alcanzamos por medio de nuestro esfuerzo. Viene como el desbordamiento de una relación personal con Dios. Es tan natural como respirar. La fe es el aire y la vida de nuestra relación con Dios y Su Hijo.

También hay bendiciones materiales por obrar de acuerdo a la fe. Dios recompensa nuestro deseo de confiar en Él y vivir en obediencia. Sin importar cuán pequeña parezca nuestra fe a veces, Dios se complace cuando dependemos de Él. Ni siquiera el paso de fe más pequeño le es indiferente. Usted puede estar seguro que Dios será fiel con nosotros, así como fue fiel a la promesa que le hizo a Abraham. Una de las grandes bendiciones que Abraham recibió fue ser llamado el amigo de Dios (Isaías 41.8).

¿Le confía usted a Dios su vida? Él le creó y le conoce completamente. Él entiende sus debilidades y su deseo de amarlo. Incluso cuando usted siente como que le ha fallado, Él está presto a recibirle y a demostrarle Su amor.

Luego de la crucifixión, los discípulos regresaron a su antigua manera de vivir. En vez de vivir por fe y hacer lo que Dios les había llamado a hacer, ¡volvieron al Mar de Galilea a pescar! (Mateo 4.19; Juan 21.3-4). ¿Se ha preguntado cómo ve Dios nuestra falta de fe? Es seguro que nunca nos condenará (Romanos 8.1). La presencia de Cristo en la orilla del Mar de Galilea fue suficiente para hacerle saber a Pedro y a los demás que era hora de abandonar las distracciones causadas por los afanes y vicios del mundo. Antes de la crucifixión, Él había dicho a los discípulos que volvería a ellos, y cumplió Su promesa. Dios ha cumplido cada una de las promesas que ha hecho. Ésta es la razón por la que podemos confiar en Él en cada aspecto de nuestras vidas.

Cuando Pedro negó conocer a Cristo, Jesús no negó conocerlo. Es posible que vacilemos y fracasemos, pero Dios no quiere que nos centremos en nuestros defectos. En vez de ello, quiere que centremos nuestra atención en Él. Dios no evalúa nuestras vidas según *nuestra* capacidad para mantenernos fieles, sino según *Su* fidelidad y la obra que ha completado en el Calvario. Si bien no quiere que cedamos a la tentación, Él sabe que tendremos caídas y a pesar de ello siempre seguiremos siendo los beneficiarios de Su gracia infinita y Su amor eterno. Después de la resurrección, una de las primeras cosas que Jesús hizo fue ir donde Pedro y tranquilizarlo con Su amor eterno. El plan de Dios para la vida de Pedro no había cambiado. Por lo tanto, Jesús alentó a Su discípulo a que no se rindiera. Una persona que vive por fe reconocerá el hecho de que Dios nunca se da por vencido con ella.

¿QUÉ ES NECESARIO PARA VIVIR UNA VIDA DE FE?

• *Un deseo de conocer a Dios y que Él nos conozca.* Dios desea conocer a cada uno de Sus hijos de manera íntima. Por lo tanto, si usted ora por el deseo de conocerlo, puede estar seguro que Él llenará su corazón de anhelo por Dios. Un auténtico deseo por Dios no puede fabricarse, pero sí puede adquirirse fácilmente. Todo lo que tiene que hacer es pedirlo.

• *Un compromiso a obedecerle.* La obediencia es una demostración de nuestra capacidad de confiar en Dios, especialmente cuando se trata de enfrentar decisiones importantes o retos serios. Quizá Dios nos dirija por un curso determinado, pero algunas veces nos encontramos dudando de Su capacidad para protegernos y llevarnos a salvo a nuestro destino. Sin embargo, una persona que vive por fe seguirá avanzando tal y como lo hizo Abraham, sin dejarse vencer por sentimientos de duda o temor. Dios siempre recompensa la obediencia con una gran bendición.

• *Una convicción confiada de que Dios cumplirá cada promesa.* La pregunta definitiva no es «¿Cumplirá Dios lo que prometió?», sino «¿Estoy dispuesto a confiar en Él aun cuando es posible que Su cronograma no sea el mío?» Debemos darnos cuenta que la fe demostrada en Hebreos 11 por Abel, Enoc, Noé, Abraham, Jacob y Sara fue una fe sin límites. Cada una de estas personas confiaron en Dios a pesar de no haber visto el resultado final de su confianza en Él. Vivieron por fe cada día, y Dios les dio una recompensa eterna.

• *Un estilo de vida de fe.* Una vida de fe es una vida que está dominada por Jesucristo, no por deseos egoístas. La persona de poca fe dice «Dios puede hacerlo» y la persona de gran fe dice «Dios lo hará», pero la persona de fe perfecta dice «Dios lo ha hecho».

¿Está usted dispuesto a confiar en Dios y ver lo que Él hará en su vida? Dios guió a Abraham hacia una tierra de tremendas promesas y bendiciones. Él hará lo mismo por usted a medida que usted confíe en Dios y ande por fe.

OBSTÁCULOS A LA FE

Moisés fue elegido para una tarea que creyó no poder hacer. Aun cuando Dios se manifestó a Moisés y le habló directamente a través de una zarza ardiendo, el futuro líder no confió del todo en que el Señor lo habilitaría para cumplir con ese llamado. Cuando Dios lo eligió para liberar a la nación de Israel, Moisés le contestó: «...He aquí que ellos no me creerán, ni oirán mi voz; porque dirán: No te ha aparecido Jehová» (Éxodo 4.1). Aunque el siervo renuente enumeró sus muchas debilidades, el Señor no obstante permaneció firme en Su llamado.

¿Por qué experimentamos barreras a nuestra fe? Al igual que Moisés, muchas personas tienen una comprensión limitada de Dios. Al principio, él no podía comprender lo que Dios le estaba diciendo que hiciera. ¿Cómo podría dirigir a millones y sacarlos de la esclavitud en Egipto? Temeroso de no estar a la altura de la tarea a la que Dios lo había llamado, presentó cinco razones para demostrar que sus cálculos eran correctos. Tal vez, en algún momento, usted se haya sentido de esta misma manera.

1) *Una mala imagen de sí mismo*

Moisés era un pastor, y los egipcios aborrecían a los pastores. Puesto que había evaluado su vida lejos de la obra milagrosa de Dios, el profeta negó que pudiera ser de uso alguno para Él. Oswald Chambers escribe: «No haga cálculos sin Dios. Dios parece tener una manera encantadora de trastornar lo que hemos calculado sin tenerle en cuenta».[1] Dios se goza tremendamente en hacer lo imposible por medio de las vidas de hombres y mujeres que ponen su confianza en Él. Recuerde, lo que parece imposible para usted es una oportunidad para que Dios despliegue Su capacidad infinita.

2) *Ignorancia de quién es Dios*

Moisés había escuchado el nombre Jehová, pero no tenía un conocimiento personal del Dios de Israel. Sin embargo, esto cambió cuando entró en la presencia del Dios vivo al acercarse a la zarza que ardía sin consumirse. Aquí es donde Dios comenzó a desarrollar el carácter espiritual de Moisés, un proceso que continuó a lo largo de toda su vida.

Si usted quiere crecer espiritualmente al mismo tiempo que adquiere la sabiduría y el discernimiento de Dios, adquiera el hábito de pasar tiempo a solas con el Señor. En momentos de adoración, de alabanza y de oración, Dios le revelará a usted Su naturaleza amorosa.

3) *Duda*

Moisés dudó de la capacidad de Dios, y su duda le impidió experimentar la plenitud de Sus bendiciones inmediatas. Cada uno de nosotros ha enfrentado momentos en que no estuvimos seguros de la participación de Dios en las circunstancias que nos rodeaban. Nos hemos preguntado si podíamos confiar en Sus promesas y hemos cuestionado los principios cristianos que hemos estado aplicando a nuestras vidas.

Hace años, cuando nos mudamos por primera vez a Atlanta, mi esposa y yo buscamos una casa durante tres meses y no encontramos nada. Finalmente, conseguimos una disponible. No era lo que queríamos, pero estábamos desesperados. Sabía que Dios nos estaba diciendo que esperáramos, pero estábamos viviendo con otra pareja y sus dos niños y sentía que no podíamos imponernos por más tiempo. Así que hice una oferta por la casa y firmé un contrato. Exactamente al día siguiente mi esposa encontró una bella urbanización danesa que era absolutamente perfecta. Nuestros corazones se hundieron al percatarme de los resultados de mi falta de confianza.

Gracias a Dios, que es increíblemente misericordioso, ése no es el final de la historia. En el contrato que firmé, había una cláusula que establecía que si existía cualquier avería por agua en las bases, ello invalidaría la transacción. La noche que firmamos nuestro contrato, cayó una tormenta sobre Atlanta dejando la casa inundada con casi medio metro de agua. Nuestro agente inmobiliario llamó para decir que no podía recordar la última vez que vio tanta agua. El contrato fue anulado y compramos la otra casa, la única que Dios quiso que tuviéramos.

Dios nunca nos permite enfrentar un desafío sin proveernos una promesa a la que nos podamos aferrar en momentos de prueba y adversidad. Una falta de confianza en la capacidad de Dios a menudo lleva a sentimientos de malestar y preocupación. La duda nos impide cumplir la voluntad de Dios, y también nos impide experimentar la bondad de Dios.

Moisés no se dio cuenta, pero en el momento que decidió obedecer a Dios, dio el primer paso hacia una bendición eterna. ¿Cómo experimenta usted la bondad de Dios? Deje a un lado sus dudas. Ponga su confianza en el potencial omnipotente de un Dios quien es todo sabiduría, quien le ama y le comprende completamente, y que nunca le permitirá experimentar la derrota.

4) *Insuficiencia*

Una de las excusas más grandes de Moisés fue que no podía hablar elocuentemente. Por lo tanto, argumentó que no podía ir al pueblo de Israel con el mensaje de Dios, ni podía ir a Faraón (Éxodo 4.10).

Una persona que piensa que es de gran valor para Dios está engañada. Aquellos que saben que necesitan a Dios son los que Él busca más a menudo para hacer la gran obra. Cuando pensamos que somos brillantes, talentosos y fuertes, damos a entender que necesitamos muy poco de Dios. Nuestras mentes están fijas en lo que podemos lograr, y no buscamos la sabiduría del Señor. Por supuesto, la dependencia exclusiva en nuestra propia fuerza puede llevar a sentimientos de duda, inseguridad y preocupación.

En cambio, la persona con un corazón humilde sabe que no puede hacer nada lejos de Dios, y éste es su mayor punto a favor. Moisés estaba abrumado por el reto que tenía por delante. La tarea era demasiado grande para él, pero la capacidad de Dios sobrepasaba cualquier cosa que Moisés enfrentara. Cualquiera que sea su insuficiencia, véala como una oportunidad para que Dios demuestre Su fidelidad a través de usted.

TEMOR AL FRACASO

El temor al fracaso es uno de los más debilitantes y comunes de los que la gente sufre. He aconsejado a incontables personas que no podían adelantar en sus carreras, relaciones o metas personales porque tenían temor al fracaso. Incapaces de confiar en la fortaleza de Dios, miraban su propia fragilidad humana y concluían que no había esperanzas.

De hecho, muchas personas le temen al fracaso más que a la muerte. Estoy convencido de que ésta es la razón por la que a tantas personas les cuesta tanto reposar completamente en la gracia de Dios: Temen que los deje caer. Pero Dios nunca le dará a usted una directiva para luego dejarle resolver los detalles por su cuenta. Más bien, Él participa activamente en cada aspecto de su vida. Como creyentes, tenemos acceso a la sabiduría y la fortaleza del Dios Todopoderoso. Cuando renunciamos a cualquier sentimiento de orgullo, duda o temor, Dios obra en nuestra vida con una abundancia que va más allá de todo lo que pedimos o entendemos (Efesios 3.20).

FE DE GIGANTES

Todos conocemos la historia del niño pastor que mató al gigante. David se paró ante su formidable enemigo sin espada ni armadura y sin experiencia en la batalla. Los comentarios bíblicos especulan que Goliat, un guerrero mamut, medía entre tres y cuatro metros de altura y que pesaba varios cientos de kilogramos. Tenía armas pesadas y su imagen infundió terror en los corazones del ejército de Saúl. Por todos los medios racionales, David no encajaba con su retador.

En algún momento, cada uno de nosotros enfrentará lo que parecen ser pruebas y dificultades enormes. El saber cómo responder apropiadamente a estos retos es de importancia crítica para nuestro crecimiento espiritual.

El secreto del éxito de David estaba en su capacidad para confiar en Dios y obedecerle. También se dio cuenta que la fe era progresiva: Lo que aprendió en una situación, más tarde Dios lo aplicó y lo volvió a aplicar en su vida. David escribió: «[Dios] adiestra mis manos para la batalla, de manera que se doble el arco de bronce con mis brazos» (2 Samuel 22.35).

Dios tiene un plan para desarrollar nuestra fe. Él toma nuestra confianza limitada y la convierte en una fe fuerte y poderosa, una fe que tiene la capacidad de conquistar a los enemigos mortales de la vida. A menudo, ésta es la razón por la que Dios nos permite enfrentar la adversidad y los desafíos de todo tipo, tanto buenos como malos. En tiempos de presión extrema, Dios estira nuestra fe y profundiza nuestra dependencia de Él. Sin una confianza fuerte y duradera, cederemos rápidamente ante la tentación y el temor, en particular cuando la prueba o la dificultad sea intensa o prolongada.

Dios desarrolló la confianza de David hasta volverla inquebrantable, y esto es lo que Él también quiere hacer en nuestras vidas. Ya sea que se relacione con el inicio de un trabajo nuevo o el fin de uno antiguo, Dios quiere enseñarnos a confiar en Él en cada momento de la vida. Si la nación de Israel hubiese aprendido esto, nunca habría tenido que soportar el abuso verbal de Goliat por cuarenta días. La Biblia nos dice que éste fue el tiempo en que los filisteos hostigaron y se burlaron de Israel. Erróneamente, ambos ejércitos creían que Goliat era el arma fulminante, pero se habían olvidado de Dios (1 Samuel 17).

Cuando David llegó al frente de batalla, no podía creer lo que estaba oyendo de boca del gigante filisteo. De inmediato vio más allá de la evidencia física a su alrededor hacia la naturaleza espiritual de la batalla: No era una simple batalla entre hombres; era una batalla entre Dios y el enemigo de nuestras almas, Satanás.

Uno de los ataques fundamentales de Satanás en la vida de un creyente es el desaliento. Jesús mismo nos advirtió que no debemos preocuparnos por el que puede matar nuestros cuerpos, sino, en vez de ello, estar al tanto de aquel que puede matar nuestra alma. Una vez que hemos aceptado a Cristo como nuestro Salvador, el enemigo asume un papel diferente. Se pone a trabajar en nuestras emociones tratando de persuadirnos a creer que no somos dignos del amor y el afecto de Dios. Busca maneras para hacernos sentir derrotados y desalentados con el objetivo de que, si puede hacer que nos rindamos, entonces abandonaremos nuestro compromiso con Dios y nuestro amor por Él.

Sin embargo, Satanás no puede derrotar el amor de Dios. El amor de Dios por nosotros es supremo y eterno. Él no nos ama por lo que hagamos, sino por lo que Su Hijo hizo por nosotros en la cruz del Calvario. No hay nada que podamos hacer para llegar a ser dignos del amor incondicional de Dios. Simplemente está allí para que lo tomemos, siempre que estemos dispuestos a aceptarlo y pedirle a Dios que nos muestre cómo apropiarnos de él en nuestras vidas.

David descubrió que el enemigo más grande de Dios ya había obrado sus mentiras en las mentes y en las vidas del ejército de Israel. Los soldados no irían a la batalla contra Goliat porque creían que no podrían ganar. No se había lanzado ni una sola flecha, y ya Israel se disponía a admitir la derrota (1 Samuel 17.24) Imagine lo que los soldados pensaron cuando David entró en escena, declarando que Dios le concedería la victoria.

Quizá el Goliat en su vida venga en forma de un endeudamiento financiero, la muerte de algún ser amado, la salida del hogar de un hijo adolescente, la noticia de alguna enfermedad grave, una relación rota, o la traición de un amigo. Dios no quiere que nos hundamos en sentimientos de duda y preocupación. Él es nuestra ayuda siempre presente, nuestra roca, nuestro castillo, nuestro libertador, nuestro refugio, nuestra fuerza y nuestra fortaleza infinita (Salmo 18).

LA FE QUE CONQUISTA

Cualquiera que sea el Goliat que usted enfrente, la única verdad que necesita albergar en lo más profundo de su corazón es ésta: Dios le ama, y cuando usted pone su confianza en Dios, Él no permitirá que usted experimente la derrota. Puede que pase por momentos de fracaso y que la vida no siempre salga como usted la planeó, pero al final, Dios será glorificado y usted será bendecido.

Cada dificultad representa una oportunidad para que Dios muestre Su fidelidad y amor. En vez de dejarse vencer por pensamientos de temor y fracaso, haga un compromiso de confiar en Dios, aunque no sepa qué traerá el día de mañana. «Reconócelo en todos tus caminos, y él enderezará tus veredas» (Proverbios 3.6).

La fe de David no se basaba en el entendimiento humano. Estaba cimentada en la soberanía de Dios. Por lo tanto, David sabía que no podía fracasar en su intención de derrotar al gigante filisteo.

¿CÓMO SE ADQUIERE UNA FE CONQUISTADORA?

• *Recuerde victorias pasadas.* David recordó cómo Dios lo había librado de las garras del león y del oso (1 Samuel 17.32-37). Las victorias espirituales se ganan en la mente. Si se rinde ante sentimientos de temor, duda e incredulidad, sufrirá la derrota porque su enfoque mental se desvía de Dios y de Su infinita capacidad, hacia las mentiras del enemigo. Fije el enfoque de su corazón, mente y voluntad en la verdad de la Palabra de Dios, y ganará la victoria en cada batalla.

• *Examine y reafirme sus motivos.* David no se apresuró a la batalla sin antes evaluar la situación. Se dio cuenta que la batalla enfrentada por Israel era de índole espiritual y no sólo física. Su motivación fundamental para buscar la victoria no era la ganancia personal. Más bien, lo que le motivaba era dar gloria a Dios.

Dios tratará con usted si sus motivos para la victoria son de natu-raleza egoísta. La victoria y paz verdaderas sólo pueden venir cuando usted rinde su vida, junto con sus deseos, a Cristo. Al entregarse a Él, usted recibe un gozo y un sentido de realización más profundos. Siempre hágase tres preguntas antes de abordar cualquier conflicto o reto: «¿Cuál es mi motivación?» «¿Cuál es el propósito de Dios para mí?» y «¿Qué es lo que en realidad está pasando aquí?» Tome tiempo para orar y buscar la voluntad de Dios para cada situación.

• *Rechace palabras de desaliento.* No hubo quien alentara a David en su determinación de derrotar a Goliat. Los soldados se rieron de él. Sus hermanos se sintieron avergonzados por su presencia y lo instaron a regresar a casa. Hasta el rey Saúl dudó de la capacidad de David. Si él hubiese prestado oídos a los comentarios de ellos, se habría rendido. En vez de ello, David volvió su corazón hacia Dios, y así encontró el aliento que necesitaba. Desde una perspectiva humana, puede que haya momentos cuando usted sienta como que está enfrentando a un Goliat totalmente solo. Pero Dios ha prometido que nunca le dejará (Hebreos 13.5). Su Espíritu está con usted en toda circunstancia de la vida.

• *Reconozca la verdadera naturaleza de la batalla.* Goliat maldijo a David cuando lo vio. «…¿Soy yo perro, para que vengas a mí con palos? Y maldijo a David por sus dioses. Dijo luego el filisteo a David: Ven a mí, y daré tu carne a las aves del cielo y a las bestias del campo» (1 Samuel 17.43-44).

David contrarrestó estas amenazas con una maravillosa respuesta: «Tú vienes a mí con espada y lanza y jabalina; mas yo vengo a ti en el nombre de Jehová de los ejércitos, el Dios de los escuadrones de Israel, a quien tú has provocado. Jehová te entregará hoy en mi mano… y toda la tierra sabrá que hay Dios en Israel» (vv. 45-47). ¡Qué respuesta tan victoriosa a la amenaza del enemigo!

• *Responda al desafío con una confesión positiva.* David hizo confe-siones de fe positivas a aquellos a su alrededor. A sus críticos preguntó:

«...¿Quién es este filisteo incircunciso, para que provoque a los escuadrones del Dios viviente?» (1 Samuel 17.26). A Saúl le dijo: «...Jehová, que me ha librado... también me librará de la mano de este filisteo...» (1 Samuel 17.37). Y a Goliat le dijo: «Yo vengo a ti en el nombre de Jehová de los ejércitos, el Dios de los escuadrones de Israel». Las palabras de David eran un testimonio de fe. Estaba convencido que no perdería, porque Dios estaba con él.

•*Dependa del poder de Dios para la victoria.* David no necesitaba de una lanza o una jabalina para derrotar a Goliat. Todo lo que necesitaba era una fe conquistadora y una disposición a seguir a Dios. Una honda casera fue el arma que Dios eligió para él. La fuerza humana no fue la vencedora aquí. Dios fue quien recibió la gloria.

• *Cuente con la victoria.* Una vez que haya pasado tiempo con Dios en oración y sepa que es Su voluntad que usted entre en la batalla, usted puede contar con que la victoria será Suya. Incluso antes de poner pie en el campo de batalla, David sabía que no perdería.

Usted puede enfrentar cualquier circunstancia con confianza y esperanza porque ni su fuerza, ni su sabiduría, ni su energía ni su poder son la fuente final de la victoria, sino la capacidad de Dios, y cuando usted pone su confianza en Él, se vale de una fuerza eterna que ninguna limitación humana puede controlar.

Lectura Bíblica Sugerida

SALMOS 18; 50.15; 103.19; HEBREOS 11.6; 12.6;
DEUTERONOMIO 17.1; 1 JUAN 1.5; 4.8; ROMA-
NOS 5.8; 8.1, 28; JEREMÍAS 31.33; PROVERBIOS
3.5-6; GÉNESIS 39-41; ÉXODO 12.41; ISAÍAS
41.8; 55.8-9; JUAN 19.10-11; 21.3-4; MATEO
10.29; 14.9; COLOSENSES 2.6; 2 CORINTIOS 5.7;
ÉXODO 4.1-10; EFESIOS 3.20; 1 SAMUEL 17 y 2
SAMUEL 22.35.

Oración

Querido Padre Celestial, gracias por cuidar tanto de
mí que enviaste a Tu Hijo a expiar mi pecado.
Gracias por saber cuándo me levanto y cuándo me
acuesto. Gracias por el plan que tienes para mi vida.
Te pido que me ayudes a confiar en Ti y a tomar mi
fuerza de Ti para matar los gigantes en mi vida.
Amén.

RECURSO PARA
LOS PRINCIPIOS
DE LA VIDA

Diario

- ¿Es usted capaz de confiar en Dios?

_____

_____

_____

- ¿Cuáles son las barreras a su fe?

_____

_____

_____

- ¿Existe un Goliat en su vida?

_____

_____

_____

- ¿Cómo le ha mostrado Dios su fidelidad?

_____

_____

_____

¿Ha enfrentado obstáculos que le han hecho dudar del amor o del poder
de Dios en su vida? Visite *www.institutocharlesstanley.com* hoy mismo a fin
de estudiar a profundidad su eterno plan para llevarle a un nuevo
nivel de madurez espiritual.

RECURSO PARA
LOS PRINCIPIOS
DE LA VIDA

.

PRINCIPIO 5

LA OBEDIENCIA SIEMPRE TRAE BENDICIÓN

Una vez fotografié un bello viñedo en el norte de California. Quedé impresionado por la uniformidad de las hileras; nunca había visto nada tan recto en la naturaleza. Me arrodillé para ver si podía detectar alguna vid torcida, pero no. Eran absolutamente perfectas. Al mirar a través de esas hectáreas de cultivos meticulosos, pensé en lo precisos que son los caminos de Dios y en cómo Él nos ha dado una manera sencilla de andar por el camino recto y estrecho.

Experimentaremos la bendición de Dios al obedecerle, y cuando no lo hacemos perderemos esa bendición. Uno de los principios más básicos pero importantes que un cristiano debe aprender es el de la obediencia.

Cuanto más familiarizados lleguemos a estar con la Palabra de Dios, tanto más comenzaremos a entender la obediencia. Las leyes de Dios no están diseñadas para privarnos del placer o de la prosperidad; más bien, su intención es protegernos de hacernos daño a nosotros mismos y a los demás, y guiarnos hacia la realización en la vida que Él quiere que disfrutemos.

A menudo, cuando enfrentamos las presiones diarias, nos vemos tentados a transigir las enseñanzas expresas de la Biblia a favor de la independencia o de soluciones mundanas. Toda persona tiene deseos y apetitos que han sido dados por Dios, los cuales se pueden satisfacer ya sea como Él quiere o de maneras egoístas e incluso dañinas. A lo largo de toda nuestra vida, encontraremos oposición a la vida que se conforma a las normas bíblicas. La obediencia a Dios involucra un compromiso a Él, sin importar las consecuencias.

Obedecer a Dios a menudo involucra hacer elecciones que tememos podrían dar como resultado el rechazo, la pérdida o las penurias. A veces, nuestra decisión de seguir a Cristo ocasiona enfrentamientos no deseados. La obediencia siempre demanda valor. Por muy difíciles que puedan ser las circunstancias que nos rodean, podemos responder a ellas con confianza en Aquel que nos da el poder para hacer Su voluntad. ¿Acaso Dios ha cometido alguna vez un error, ha llegado demasiado tarde, o ha demostrado ser insuficiente? ¡No! Nuestro Padre celestial es todopoderoso y constantemente fiel.

Las leyes de las Escrituras son profundas pero simples: La Biblia enseña que cosecharemos lo que sembramos, en mayor medida, y en un tiempo posterior. Cuando obedecemos a Dios, siempre obtendremos lo mejor de Él; cuando no lo hacemos, la vida resultará ser mucho más dura. No siempre hacemos lo que debemos, y recibimos gracia en esas situaciones, pero para los cristianos, hacer un compromiso de obedecer a Dios es esencial para nuestra fe. La obediencia y la fe son inseparables. Demostramos nuestra confianza en Dios acatando Su voluntad. Al hacerlo, cosecharemos las recompensas que Él ha designado para nosotros, y siempre daremos en el blanco.

LA LLAVE AL CORAZÓN DE DIOS

Recién estaba en primer grado, pero todavía recuerdo la llave que abría la puerta a mi casa. Era una de esas llaves largas y negras, y cuando salía en las mañanas, la escondía debajo de una roca para que nadie supiera dónde estaba, excepto mi madre y yo. Algunas veces venía a casa en la tarde y me preguntaba si la llave aún estaría allí. Cuando movía la roca a un lado y ubicaba la llave, me inundaba una maravillosa sensación de alivio. La llave era importante para mí porque representaba el acceso a nuestro hogar. Abría el lugar donde vivíamos mi madre y yo, donde mis necesidades eran satisfechas y donde se guardaban nuestras pertenencias. Era en casa donde sentía el amor y el cuidado de mi madre.

Lo más probable es que usted también tenga llaves en su vida, llaves para abrir su casa, para abrir su automóvil, para abrir su escritorio, etc. Pero, ¿alguna vez ha pensado en cuanto a tener la llave para abrir el corazón de alguien? Cuando usted tiene la llave para abrir el corazón de una persona, sabe cómo llegar a lo que se encuentra allí dentro. Sabe cómo atraerle hacia usted y entiende cómo se siente él o ella.

Para algunas personas, puede que la llave sea el amor, la fe o el servicio. Quiero decirle que la llave para abrir el corazón de Dios es la *obediencia*. Triste decirlo, pero muchas personas no se dan cuenta de esto. Como nos enseñan desde pequeños a ser independientes y autosuficientes, la idea de la obediencia no le sienta bien a la mayoría de las personas. Pero Dios no se acomoda a nuestra vanidad. Aunque a veces puede ser difícil y algunas veces doloroso, la obediencia es lo que Dios pide de nosotros. La obediencia debe ser una prioridad en la vida de todo aquel que desee conocer a Dios y agradarle. Siempre es la elección correcta, sin excepción. Jesús dijo: «...El que me ama, mi palabra guardará; y mi Padre le amará, y vendremos a él, y haremos morada con él» (Juan 14.23).

DÍGALE QUE SÍ A DIOS

Las peticiones sencillas de Dios siempre son peldaños hacia las más grandes bendiciones de la vida. Simón Pedro es una buena ilustración de lo que sucede cuando le decimos que sí a Dios. En Lucas 5.1-11, las personas están agolpándose sobre Jesús mientras Él predica. El Señor quiere usar la barca de Pedro como una plataforma flotante desde donde pueda dirigirse a la multitud que está en la orilla, así que le pide al futuro apóstol que empuje la embarcación un poco lejos de tierra (v. 3). Esto en sí no es una petición particularmente extraordinaria, pero la obediencia de Pedro pavimenta el camino para múltiples bendiciones, y a partir de su ejemplo, aprendemos cuán imprescindible es obedecer a Dios incluso en los asuntos más pequeños.

De inmediato, la multitud es bendecida por la obediencia de Pedro, ya que ahora todos pueden escuchar las palabras de Jesús mientras Él les enseña. Luego, cuando termina de dar la lección, el Señor le dice a Pedro: «...Boga mar adentro, y echad vuestras redes para pescar» (v. 4). Aquí había otra oportunidad para decir sí o no, y Pedro debió haberse sentido inclinado a no acceder esta vez. Después de todo, había trabajado toda la noche con la esperanza de pescar, pero había regresado exhausto y con las manos vacías. ¡Y ahora Jesús le estaba diciendo que vaya a pescar! Pero note lo que sucedió como resultado de la obediencia de Pedro: En un día que él y sus colegas habían declarado como pérdida total, sacaron no una, sino dos cargas rebosantes de peces (v. 7). Haber dicho que sí dio como resultado un milagro que transformó la vida del pescador de una manera radical.

La obediencia es de importancia crítica para la vida cristiana exitosa, y hay varias verdades que le ayudarán a usted a entenderla desde una perspectiva divina:

1. OBEDECER A DIOS EN LOS ASUNTOS PEQUEÑOS ES UN PASO ESENCIAL HACIA LAS MÁS GRANDES BENDICIONES DE DIOS

Suponga que Pedro hubiese dicho: «Ahora estoy ocupado limpiando mis redes. No puedo ayudarte porque vuelvo a salir de pesca esta noche; simplemente no tengo tiempo». O pudo haber dicho: «¿Por qué no pides usar aquella otra barca más grande?» o «Ya fui de pesca hoy. Sería una pérdida de tiempo ir de nuevo». Pedro podría haber dicho varias cosas. Si hubiese dado cualquier otra respuesta que no fuese sí, se habría perdido de la experiencia de pesca más grande de su vida. Pero debido a la obediencia de Pedro, el Señor dispuso un milagro que él nunca olvidaría.

Frecuentemente, las mayores bendiciones de Dios vienen como resultado de nuestra disposición a hacer algo que parecía ser muy insignificante. Ahora pregúntese: *¿Me ha estado retando Dios a hacer algo aparentemente sin importancia que todavía no he hecho el esfuerzo por cumplir? ¿Acaso hay algo que he evadido diciendo «Es muy difícil», «No quiero», o incluso «Tengo que orar al respecto»?*

2. NUESTRA OBEDIENCIA SIEMPRE ES BENEFICIOSA PARA LOS DEMÁS

Piense en todas las personas que fueron bendecidas por la obediencia de Pedro. Además de la multitud que pudo ver al Señor y escuchar Su enseñanza, Jesús mismo se benefició también: Predicar desde la barca le permitió la comodidad de sentarse mientras hablaba (v. 3). No sólo eso, sino que los amigos de Pedro tuvieron un día muy lucrativo; recibieron dos barcas tan llenas de peces que ambas comenzaron a hundirse. Más importante aún, tuvieron la oportunidad de presenciar algo sobrenatural.

A menudo, Dios recompensa a otras personas, especialmente aquellas más cercanas a nosotros, como resultado de nuestra obediencia. Por ejemplo, ningún padre puede ser obediente a Dios sin que se derramen bendiciones sobre la vida de su esposa y de sus hijos. De manera similar, la obediencia de un hijo será de bendición para sus padres.

3. OBEDECER A DIOS PUEDE REQUERIR QUE HAGAMOS ALGUNAS COSAS QUE PARECEN IRRAZONABLES

Pedro era un pescador veterano que conocía todos los mejores lugares, épocas y condiciones óptimas para una pesca. De repente

Jesús, un predicador itinerante y carpintero de oficio, se acercó al experimentado hombre de mar y le dijo: «Vamos a pescar». Pedro debió haber pensado, *Ciertamente es un maestro maravilloso, pero yo soy el pescador. Estuvimos de pesca toda la noche sin éxito, y además, ahora es mediodía, el peor momento para atrapar algo en la red.* Debe reconocérsele a Pedro que eligió obedecer a pesar de todo (v. 5), y como resultado de ello, experimentó una muestra sensacional de poder divino.

Nuestra obediencia a Dios nunca debe basarse en haber determinado si algo parece racional o encaja con la manera de pensar del mundo. Eso no quiere decir que Dios siempre pasa por encima del sentido común, sino que, frecuentemente, lo que requiere de nosotros puede no parecer razonable o encajar con nuestras ideas preconcebidas. Esto es exactamente lo que sucedió justo antes de que yo viniera a Atlanta. Siempre había creído que para ser un pastor eficaz, era necesario quedarse en un púlpito por un largo tiempo. Pero, después de tan sólo once meses en Bartow, Florida, comencé a escuchar la voz de Dios hablándome acerca de venir a Georgia, lo que me pareció algo extremadamente irrazonable. Le presenté al Señor razón tras razón por la que pensaba que debía quedarme, incluyendo que mis amigos predicadores pensarían que había fracasado en ese cargo. Dios no quedó convencido en lo más mínimo, y siguió presionando en mi corazón para que hiciera lo que Él me mandaba. Si no me hubiese rendido, si hubiese dicho «No, Dios, sencillamente no es lógico», me habría perdido tremendas bendiciones.

4. NUNCA NOS DECEPCIONAREMOS CUANDO OBEDECEMOS A DIOS

Sin duda alguna, debido a su experiencia en la pesca, Pedro supuso que las instrucciones de Jesús vendrían a ser lo mismo que matar el tiempo, como esperar a que nada pasara. Pero cuando cumplió con esa sencilla petición, quedó presa del asombro con lo que el Señor ocasionó. Al igual que Pedro, nosotros debemos reconocer que obedecer a Dios siempre es la acción sabia a tomar. Jesús convirtió una barca vacía en una llena, y Él también puede tomar nuestro vacío, ya sea relacionado con nuestras finanzas, nuestras relaciones o nuestras carreras profesionales, y cambiarlo en algo espléndido y floreciente.

Tal vez esté dudando para obedecer porque teme las consecuencias. Recuerde que el mismo Dios soberano y omnipotente que mantiene su corazón latiendo y los planetas en sus órbitas es más que capaz de manejar las circunstancias de su obediencia. No estoy diciendo que obedecer necesariamente producirá el resultado exacto que usted desea; de hecho, es posible que la intervención de alguna prueba anteceda a una bendición. Pero incluso cuando nuestras expectativas no se alinean con los propósitos de Dios, eso no significa en modo alguno que Sus caminos nos traigan desilusión. Por el contrario, cualquiera que sea la manera que Dios elija para bendecir la obediencia suya, demostrará al final ser mucho más satisfactoria.

5. Nuestra obediencia le permite a Dios demostrar Su poder en nuestra vida

Si Pedro hubiese dicho que no, se habría perdido de una impresionante demostración de poder divino que hizo que su fe se disparara y marcara el comienzo de los tres años más emocionantes que él se pudiera imaginar. Al caminar con el Señor Jesucristo cada día, el discípulo presenció milagros incluso más grandes que las dos cargas de peces en las barcas: Un ciego de nacimiento comenzó a ver, el muerto llamado Lázaro fue vuelto a la vida, y por orden de Jesús, Pedro mismo puso los pies fuera de la barca, no para meterse en el agua, ¡sino para caminar *sobre* ella! ¿Por qué cree usted que Pedro tuvo el valor de dejar su embarcación y caminar sobre el agua hacia Cristo? La razón es que Pedro comenzó diciendo que sí a una petición pequeña. Luego, cada vez que Dios recompensaba su obediencia, la fe del apóstol creció, al punto que creyó que su Maestro no sólo controlaba a los peces en el agua, ¡sino que también tenía autoridad absoluta sobre ella!

6. OBEDECER A DIOS SIEMPRE DA COMO RESULTADO UNA COMPRENSIÓN MÁS PROFUNDA

Antes de este incidente, es posible que Pedro supiera que Jesús era un carpintero. Ciertamente lo conocía como un rabí y había escuchado las profundas verdades que el Señor enseñaba a las multitudes. Sin embargo, obedecer la petición de Cristo estableció el escenario para que Pedro alcanzara una perspicacia totalmente nueva: La santidad del Señor y Su soberana autoridad sobre la naturaleza quedaron claramente evidentes a través de la pesca milagrosa. Por otro lado, el pescador probablemente reconoció su propia pecaminosidad. Nosotros también, cuando obedecemos a Dios, descubriremos que algo sucede en nuestro corazón.

7. OBEDECER A DIOS TRAERÁ COMO RESULTADO CAMBIOS DRAMÁTICOS EN NUESTRA VIDA

Con toda probabilidad, Simón Pedro tenía la intención de pasar el resto de su vida pescando. Pero todo cambió con un simple acto de obediencia. De buena gana, él dejó a un lado su red y entró en el estilo de vida totalmente nuevo de seguir al Señor Jesucristo.

Dios puede revolucionar nuestra vida. Para algunas personas, esto podría significar un cambio de carrera, una nueva ubicación, o una relación diferente. ¿Está usted dispuesto a hacer lo que Dios dice, en el momento y en la forma en que le diga que lo haga? ¿Está usted dispuesto a dejarle a Él todas las consecuencias? El autor del siguiente himno lo expresó de una manera muy sencilla: «Confiar y obedecer, por cuanto no hay otra forma de ser feliz en Jesús que al confiar y obedecer». Permítame añadirle una verdad a eso: No existe la felicidad lejos de Jesús. Sin una relación correcta con Cristo, usted nunca podrá tener verdadera satisfacción, paz o tranquilidad. Ninguna otra cosa en este mundo puede jamás brindar satisfacción verdadera.

Para llegar a ser discípulos de Cristo totalmente rendidos a Él, debemos comenzar por obedecerle en cada aspecto de nuestra vida, por muy pequeño que parezca. Recuerde al buen siervo, quien escuchó a su maestro decir: «…Está bien, buen siervo; por cuanto en lo poco has sido fiel, tendrás autoridad sobre diez ciudades» (Lucas 19:17). A menos que usted diga que sí a la más pequeña petición por parte del Señor, nunca sabrá cómo podría haber sido su vida, o qué bendición maravillosa habría sido suya si tan sólo hubiese obedecido a Dios. ¿Por qué arriesgarse a perder cuando puede tener la certeza de ganar?

LA PRIORIDAD DE LA OBEDIENCIA

Tal vez usted conozca a alguien que cree que al vivir una vida buena y honesta ganará el favor de Dios. Muchas personas creen que están demostrando obediencia a Dios al ayudar ocasionalmente a los demás, al evitar la tentación y al asistir a la iglesia. Pero la obediencia abarca mucho más. La verdadera obediencia a Dios significa hacer *lo que* Él dice, *cuando* lo dice, *como* lo dice, *en tanto que* lo dice, y *hasta* que se cumpla lo que Él dice.

Desafortunadamente, la cultura de hoy a menudo rechaza este concepto. Hemos racionalizado la desobediencia al punto de perdernos de lo mejor de las bendiciones de Dios. ¿Se encuentra usted con frecuencia preguntándose por qué Dios no responde a sus oraciones o por qué aunque usted trata y vuelve a tratar, las circunstancias en su vida todavía no terminan bien? La respuesta podría radicar en su nivel de obediencia a Dios. Si usted ha aceptado a Jesucristo como su Salvador pero todavía está experimentando gran frustración espiritual, entonces puede ser que haya algún área de desobediencia en su vida que usted no ha tratado. Tal vez Dios le ha pedido algo, y en respuesta a ello, usted ha ignorado Sus palabras o sólo ha hecho parte de lo que Él demanda.

Antes de intentar hacer una lista de todo lo que Dios le ha pedido que haga o que no haga, considere lo siguiente: ¿Existe algún área de su vida *en particular* en la que usted lucha para ser obediente a la Palabra de Dios? Al leer las Escrituras, ¿le llama Él constantemente la atención hacia algún pecado en particular? Cuando va a Él en oración, ¿sale a la superficie el mismo problema repetidamente? Si el Señor en este momento le está trayendo algo a la mente, podría ser que usted ha vivido en la misma situación por años debido a que en algún momento, usted eligió hacer las cosas *a su* manera en vez de *a la* manera de Dios.

Entender esta distinción clave entre nuestra manera y la manera de Dios puede marcar una tremenda diferencia en la vida de todo creyente. Debemos colocar la obediencia en el primer lugar de nuestra lista de prioridades. Pero para hacerlo, tenemos que entender plenamente por qué la obediencia juega un papel tan importante en nuestra relación con Dios. Para ilustrar esta cuestión, quiero tratar varios ejemplos de personas en la Biblia que manejaron la obediencia de maneras muy distintas.

DESOBEDIENCIA: ADÁN Y EVA

La desobediencia siempre trae consecuencias dolorosas. Algunas veces, esas consecuencias solo afectan a la persona que peca, y otras veces afectan a los demás. Tal vez la ilustración más clara de esta verdad proviene de la historia de Adán y Eva.

Dios creó un ambiente perfecto para esta joven pareja a la que solo dio dos mandamientos: «...Fructificad y multiplicaos...» (Génesis 1.28), y «...del árbol de la ciencia del bien y del mal no comerás...» (Génesis 2.17). Sabemos que Adán y su esposa entendieron estas sencillas instrucciones porque Eva pudo repetírselas al tentador antes de sucumbir a su plan maligno (Génesis 3.3). Puede que usted esté pensando, *Bueno, las cosas son distintas hoy. No hay serpientes que hablen, y no tenemos muchas instrucciones específicas en cuanto a cómo vivir nuestras vidas.* Eso es cierto, pero algo no ha cambiado. Dios ha ofrecido un camino de obediencia a cada uno de nosotros, y podemos elegir entre seguirlo o hacerlo a nuestra manera.

La desobediencia es rebelión contra Dios, una irreverencia total hacia Él. Es una declaración del corazón en la que usted proclama que ha elegido hacer las cosas a su manera por encima de la manera de Dios. Cuando usted es desobediente, en esencia está negándose a reconocer la autoridad, el derecho y el poder de Dios en su vida. En contraste, para no caer en la desobediencia, debemos poner nuestros pensamientos, acciones, palabras y metas en línea con la perfecta voluntad de Dios (2 Corintios 10.5). Más importante aún, cuando Él nos da palabras de dirección, de sabiduría o de advertencia, debemos prestarles completa atención.

OBEDIENCIA PARCIAL: EL REY SAÚL

Contrario a lo que algunas personas creen, la obediencia perfecta no significa que tenemos que ser personas perfectas. Sin embargo, obedecer a Dios requiere de una obediencia *exacta*. Consideremos a una persona que demostró lo que puede suceder cuando no obedecemos a Dios completamente. En 1 Samuel 10 podemos seguir el caso del rey Saúl y su lucha con la obediencia total.

Saúl recibió instrucciones de Dios para ir a Gilgal y esperar siete días hasta que el profeta Samuel se le uniera. Ambos ofrecerían entonces holocaustos y sacrificios de paz (1 Samuel 10.8). Saúl comenzó bien, pero a medida que se acercaba el séptimo día, se inquietó y se frustró, y finalmente decidió hacer una ofrenda sin Samuel. Justo ahí la Biblia nos dice: «Y cuando él acababa de ofrecer el holocausto, he aquí Samuel que venía...» (1 Samuel 13.10). Saúl esperó *casi* el tiempo suficiente, pero la obediencia parcial no es obediencia real.

Podemos leer el resultado de esta historia en los versículos 13-14: «Entonces Samuel dijo a Saúl: Locamente has hecho; no guardaste el mandamiento de Jehová tu Dios que él te había ordenado; pues ahora Jehová hubiera confirmado tu reino sobre Israel para siempre. Mas ahora tu reino no será duradero». Dios no promete que podremos ver o entender cómo es que se ha de desarrollar Su plan para nuestras vidas. En vez de ello, nos llama a obedecerle en todo momento, y a confiar en que Él unirá todas las piezas en Su tiempo. Esto significa que muchas veces tendremos que esperar, pero cuando lo hacemos en obediencia Dios bendecirá el resultado.

OBEDIENCIA COMPLETA: NOÉ

Al leer acerca de la vida de Noé en Génesis capítulos 6–9, vemos una clara imagen de la obediencia completa. Cuando Dios llamó a este hombre a que hiciera algo extraordinario, una tarea que parecía tanto imposible como ilógica, Noé cumplió sin hacer preguntas. Obedeció a Dios a pesar de lo que los demás pensaban de él. Asimismo, cuando elegimos el camino de la obediencia, nosotros también debemos estar preparados para las reacciones negativas que sin lugar a dudas recibiremos de los demás.

¿La obediencia a Dios le traerá siempre popularidad a usted? No, no es así. ¿Lo criticarán las personas? Sí, probablemente lo harán. ¿Podrían pensar que en algunos aspectos usted es un ridículo? Sí. ¿Se reirán de usted algunas veces? Sí. Noé fue un hombre que eligió caminar con Dios en medio de una sociedad corrupta. De hecho, era tan maligna que Dios optó por destruir a todo ser humano sobre la faz del mundo a excepción de una familia. Sólo podemos imaginar lo que estas personas malvadas debieron haberle dicho a Noé al observarlo día tras día.

A partir de la vida de Noé, podemos deducir una clave importante para la obediencia: Cuando Dios nos dice que hagamos algo, no debemos centrarnos en las circunstancias ni en las personas que nos harían desistir de llevar a cabo las instrucciones de Dios. Si Noé hubiese comenzado a escuchar a sus críticos, no habría construido el arca y habría sido arrasado junto con el resto de la tierra. En vez de ello, eligió serle absolutamente obediente a Dios.

OBEDIENCIA SUPREMA

Por último, consideremos la vida de Jesús. Él fue perfecto, Dios mismo en forma humana. Podemos aprender incontables lecciones de Su vida. Aun cuando no podemos ser perfectos e intachables como lo fue Cristo, el Espíritu Santo nos habilita para obedecer a Dios. Si esto no fuera posible, Dios no sería justo. Por lo tanto, Dios mismo nos ayudará a obedecer en lo que sea que Él requiera de nosotros, bien sea doloroso o gozoso, rentable o que nos demande un alto costo.

El Dios a quien servimos está lleno de gracia y de amor, es indescriptible y maravilloso. Sé por experiencia propia que la obediencia tiene que ser una prioridad en la vida de todo creyente. Es la única manera en que alguna vez usted llegará a ser la persona que Dios quiere que sea, y la única manera en que alguna vez logrará las cosas en la vida que Él ha preparado de manera tan maravillosa para usted.

Cuando usted recibe a Jesucristo como su Salvador, su primer acto de obediencia debe ser hacer la siguiente oración: «*Padre, perdóname por mis pecados. He pecado contra ti; he estado viviendo en rebelión. Te pido que me perdones mis pecados, no porque sea bueno, sino porque creo que Tu Hijo, Jesús, pagó mi deuda por el pecado en su totalidad*». En el momento que usted la hace, el Espíritu Santo entra en su corazón, ¿y sabe qué viene a hacer? Viene a capacitarle para que ande en obediencia delante de Dios, en Su fortaleza y Su poder.

Mi oración por usted, mi petición a favor suyo, es que le sea obediente a Dios. De ese modo, podrá llegar a ser la persona que Él quiere que usted sea, podrá hacer la obra que Él desea para usted, podrá llevar el fruto que Él le ha habilitado a llevar, y podrá recibir las bendiciones que Él ha preparado para usted.

EL GOZO DE LA OBEDIENCIA

La obediencia puede ser difícil, especialmente si pensamos que sabemos más que Dios acerca de nuestras vidas y de las circunstancias que nos rodean. Sin embargo, obedecer a Dios es esencial para agradarle, no sólo en los momentos de tentación profunda y seria, sino también en los momentos de las pruebas más simples.

De hecho, nunca hay un solo momento en que la obediencia carezca de importancia para el Señor. Aunque pueda parecer más fácil obedecerle en lo concerniente a situaciones que se han definido claramente en Su Palabra, Dios requiere nuestra obediencia en cada circunstancia de la vida. Decir lo que se llama una mentirita blanca puede sencillamente ser tan perjudicial para nuestro bienestar espiritual como sucumbir ante una tentación mayor como el adulterio o el robo. Al mandarnos obedecerle, Dios nos ha dado un principio por el cual vivir. Él ha establecido un marco para las vidas que forma un cerco de protección contra el mal.

¿Puede recordar la última vez que se vio tentado(a) a hacer lo opuesto a lo que sabía que Dios deseaba que hiciera? Probablemente, muy en lo profundo usted entendía lo que era correcto, pero a continuación una lucha tuvo lugar en su mente. Surgió la pregunta: *¿Debo obedecer a Dios y agradarle, o desobedecerle y esperar a que no se dé cuenta?* En verdad, nada bueno puede salir de la desobediencia a Dios, y nada malo puede salir de la obediencia a Él. Cuando decidimos obedecer a Dios, elegimos el camino de la sabiduría. También es el camino de la bendición.

Muchas personas piensan en la obediencia como algo que solo compete a los padres en la crianza de sus hijos. Creen que la juventud de hoy tiene que aprender a ser obediente. Sin embargo, la obediencia es crucial en todo nivel de madurez. Al crecer en nuestro andar con el Señor, la obediencia se convierte en una piedra angular para la comunión con Dios. Cuando le obedecemos, Él nos atrae más hacia Sí y nos enseña más acerca de Sus preceptos y Su amor personal.

Irónicamente, al envejecer, nuestra sensibilidad a la guía de Dios algunas veces disminuye. Razonamos que ya hemos aprendido a vivir rectamente delante de Dios y por lo tanto, no necesitamos cavar más hondo en el asunto de la obediencia. Juzgamos a los demás cuando no obedecen a Dios, pero descartamos el asunto en nuestras propias vidas. Esto es lo que hizo la nación de Israel en el libro de los Jueces. La Biblia dice que «...cada uno hacía lo que bien le parecía» (Jueces 17.6). En otras palabras, Israel hacía lo que le daba la gana. El pueblo se olvidó del Señor y sirvió a otros dioses. Los habitantes tomaban sus propias decisiones, vivían vidas inmorales y se negaban a adorar al mismo Dios que años atrás, los había librado de la esclavitud en Egipto. Sus vidas estaban marcadas por la desobediencia, y lentamente se hundieron en una esclavitud aún más grande que la que sus antepasados habían experimentado a manos de Faraón.

La desobediencia envía un mensaje al Señor que declara que, en lo que respecta a regir nuestras vidas, nosotros sabemos más que Él. Sin embargo, nuestra seguridad en nosotros mismos se evapora al enfrentarse cara a cara con la soberanía de Dios. Cuando el profeta Isaías estuvo en la presencia del Señor, exclamó «¡Ay de mí!» ante el despliegue impresionante de la gloria de Dios (Isaías 6.5).

Hasta Isaías enfrentó un reto de obediencia. Dios estaba buscando a alguien que llevara Su Palabra al pueblo de Israel. En lo que concernía a Isaías, no hacía falta responder pregunta alguna. Había visto la gloria de Dios, y la obediencia era su única elección. ¿Puede usted imaginar cuán distintas habrían sido las cosas si Isaías hubiese seguido su propia intuición en vez de la directiva de Dios?

La preocupación de Dios por nosotros surge de Su profundo amor y devoción. Él manda nuestra obediencia no porque sea muy estricto y exigente, sino porque conoce el efecto que la desobediencia y el pecado tendrán sobre nuestras vidas. En cambio, Satanás tiene otro objetivo en mente pues sabe que si puede atraernos al pecado, nuestras acciones deshonrarán al Señor y traerán dolor al corazón de Dios. La desobediencia también tiene temibles repercusiones. Los sentimientos de culpa, vergüenza y desprecio son solo algunas de las consecuencias emocionales. También se producen vidas quebrantadas, matrimonios destruidos y amargas disputas cuando desobedecemos. Si bien el amor eterno de Dios por nosotros no puede cambiar, ciertamente nuestro pecado interrumpe nuestra comunión con el Salvador.

El pecado aleja al creyente de las bendiciones de Dios. Dios sigue amándonos pero detesta el pecado que hemos aceptado, y esto por sí solo es suficiente para ocasionar la reprimenda de Dios, causando el distanciamiento entre nosotros y el Salvador de quien dependemos. En épocas de desobediencia, nos volvemos débiles espiritualmente e incapaces de discernir el bien del mal. Muchas veces somos incapaces de revertir nuestro comportamiento pecaminoso y así nos hundimos más en sus redes.

Sin embargo, Dios no nos deja sin esperanzas. El apóstol Pablo escribe: «No os ha sobrevenido ninguna tentación que no sea humana; pero fiel es Dios, que no os dejará ser tentados más de lo que podéis resistir, sino que dará también juntamente con la tentación la salida, para que podáis soportar» (1 Corintios 10.13). Dios ha provisto todo lo que necesitamos para poder decirle no a la tentación. Mientras que las tentaciones de Satanás llevan a la agitación, la mentira y los pensamientos negativos, la Palabra de Dios es un recurso infinito de verdad, esperanza y tranquilidad. No tenemos que rendirnos al pecado, porque Él es soberano y siempre tiene el control.

En el Salmo 139, David escribe: «No fue encubierto de ti mi cuerpo, bien que en oculto fui formado, y entretejido en lo más profundo de la tierra. Mi embrión vieron tus ojos, y en tu libro estaban escritas todas aquellas cosas que fueron luego formadas, sin faltar una de ellas» (vv. 15-16). Dios permanece junto a nosotros y se involucra personalmente en todo lo que hacemos. Él entiende nuestras necesidades más profundas y nuestros anhelos más sentidos.

El libro de Deuteronomio registra la preparación de Israel para entrar en la tierra prometida. Dios sabía que Su pueblo sería tentado a dejar de adorarle y seguir a los dioses de otras naciones. Dejó Su voluntad muy en claro a los israelitas y a Josué, quien los guió hacia la tierra prometida: «He aquí yo pongo hoy delante de vosotros la bendición y la maldición: la bendición, si oyereis los mandamientos de Jehová vuestro Dios, que yo os prescribo hoy, y la maldición, si no oyereis los mandamientos de Jehová vuestro Dios, y os apartareis del camino que yo os ordeno hoy, para ir en pos de dioses ajenos que no habéis conocido» (Deuteronomio 11.26-28).

En el capítulo 28, el Señor dice: «Acontecerá que si oyeres atentamente la voz de Jehová tu Dios, para guardar y poner por obra todos sus mandamientos que yo te prescribo hoy, también Jehová tu Dios te exaltará sobre todas las naciones de la tierra. Y vendrán sobre ti todas estas bendiciones, y te alcanzarán, si oyeres la voz de Jehová tu Dios» (vv. 1-2). El resto de este capítulo explica en detalle las bendiciones que vendrán como resultado de la obediencia de Israel. Este mismo principio funciona en nuestras vidas. La obediencia lleva a la bendición, mientras que la desobediencia lleva a la decepción, al dolor y al quebrantamiento.

Comenzamos una vida de obediencia cuando aplicamos los siguientes principios a nuestras vidas:

• *Confiar a Dios nuestra vida y dejar las consecuencias a Él.*

No hay manera de equivocarse si pone su esperanza y su confianza en Dios. Él le creó a usted, y le ama con un amor eterno. Usted es Su preocupación más grande y Él nunca le dará a usted algo que no sea lo mejor (Proverbios 3.5-6).

• *Aprender a esperar en el Señor.*

Cuando tenga dudas, niéguese a dar un paso a menos que sepa que Dios le está guiando. No toda tentación resulta en pecado, como comúnmente pensamos, pero estamos desobedeciendo a Dios cuando nos adelantamos a Él y tomamos la decisión de actuar sin haber recibido una clara instrucción de Su parte (Salmo 27.14; 62.1-8).

• *Aprender a meditar en la Palabra de Dios.*

La oración y la meditación son elementos clave cuando se trata de resistir a la tentación. Al saturar su mente con la Palabra de Dios, usted adquirirá el punto de vista de Dios en lo concerniente a su vida y su situación. De ese modo, cuando venga la tentación, usted podrá distinguir el bien del mal y podrá actuar conforme a ello. Nunca subestime el poder de Dios en su vida (Josué 6.16-20).

• *Aprender a escuchar al Espíritu Santo.*

Muchos se preguntan si Dios le habla hoy a Su pueblo. La respuesta es sí. Él nos habla a través de Su Palabra, por medio de Su Espíritu, y mediante el consejo de un pastor o de un amigo cristiano de confianza. De hecho, el Espíritu de Dios es quien nos atrae a las Escrituras y señala pasajes de la Biblia que Dios quiere usar en nuestras vidas. Sin embargo, debemos ser sensibles a Su voz o nos perderemos de lo que nos está diciendo. Búsquelo a través de Su Palabra y pase tiempo con Él orando y estudiando los principios escritos en la Biblia.

• *Estar dispuestos a alejarnos cuando el camino sea incierto.*

La obediencia a Dios requerirá que usted sea firme si desea agradarle por encima de todos los demás. Si no percibe una clara guía para su situación, pídale a Dios que le confirme Su voluntad en Su Palabra. Él jamás irá contra las Escrituras. Sus intenciones para su vida siempre se alinearán perfectamente con lo que está escrito en la Biblia (Números 23.19).

• *Estar dispuestos a experimentar conflicto.*

Aun después que Israel hubo entrado en la tierra prometida, tuvo que continuar expulsando al enemigo. Muy rara vez Dios elimina los problemas y conflictos de nuestras vidas. Si lo hiciera, nuestra dependencia de Él se desvanecería. Dios permite suficientes dificultades para mantenernos vueltos hacia Él (Juan 16.33). Muchas veces, la obediencia suya no será vista como algo popular, especialmente si usted toma cierta postura contra la presión de grupo del mundo imperante. Pero ésta le colocará en una posición favorable delante de Dios, y tal y como Él prometió bendecir a la nación de Israel, también le bendecirá a usted.

• *Aceptar la disciplina de Dios con acción de gracias.*
Cuando usted desobedece a Dios, es importante darse cuenta que
en cualquier momento usted puede volverse de nuevo a Él. La historia que Jesús contó acerca del hijo pródigo (Lucas 15.11-32) es especialmente importante. En ella leemos del amor y el perdón propios de
Dios hacia nosotros. Si bien las consecuencias del pecado son inevitables, podemos experimentar el verdadero perdón y la esperanza reno-
vada cuando nos volvemos a Dios. Tal vez usted haya tomado una
decisión equivocada y se pregunte cuál será el resultado. Lejos de Dios,
el resultado siempre será al final dolor y profunda pena. Sin embargo,
Dios no quiere esto para su vida. Puede que Él no elimine todo el
sufrimiento y el dolor causados por su decisión, pero puede perdonarle y restaurar Su bendición en su vida. Cuando nos volvemos a Él
en arrepentimiento, Él lavará el pecado de nuestras vidas para que nos
volvamos blancos y puros como la nieve (Salmo 51.7).

LA OBEDIENCIA TRAE BENDICIONES

Nunca perdemos cuando obedecemos a Dios. Sin embargo, esto no
significa que la obediencia sea fácil. Muchas veces es difícil de entender, pero incluso en momentos cuando la adversidad ataca y nada
tiene sentido, la obediencia a Dios es nuestra mejor opción. David
aprendió este principio, y Dios lo bendijo grandemente. Aun cuando
la furia llena de celos de Saúl amenazaba con poner fin a la vida de
David, el futuro rey se negó a pecar contra el Señor tomando venganza
contra su enemigo. Ya que estaba comprometido a obedecer a Dios,
David no permitió que sus sentimientos se desviaran en una dirección
destructiva y egocéntrica.

Hay momentos en la vida de todo cristiano, desde nuestra perspectiva cristiana, en que las solicitudes de Dios parecen irrazonables.
Cuando esto sucede, debemos recordar que Él ve la totalidad de nuestras

vidas. Él conoce los planes que tiene para nosotros y sabe exactamente lo que hará falta para alcanzar Su meta de moldearnos a la imagen de Su Hijo. «Porque yo sé los pensamientos que tengo acerca de vosotros, dice Jehová, pensamientos de paz, y no de mal, para daros el fin que esperáis» (Jeremías 29.11).

Jesucristo es nuestro ejemplo más grande de obediencia. Él obedeció a Dios al punto de llegar a la muerte para que pudiéramos tener vida eterna. No hay mayor obediencia que ésta. Al igual que Jesús, nosotros al obedecer declaramos nuestra dependencia de Dios. También demostramos que estamos dispuestos a entregar nuestras vidas a Él y confiar en Él para el futuro. Aunque tal vez no entendamos por qué enfrentamos una prueba repentina o cuándo se nos ha abierto la puerta de una oportunidad, nuestra primera y última respuesta siempre tiene que ser de obediencia.

Ha habido épocas en mi vida cuando me encontré ante una encrucijada. Muy en lo profundo de mi corazón sabía que la única manera en que yo podría continuar era siendo obediente al Señor, no sólo de manera parcial, sino completamente y sin reservas.

1 Samuel 15.22 nos dice: «El obedecer es mejor que los sacrificios». ¿Qué enfrenta usted hoy que le está tentando a desobedecer a Dios? Sea lo que fuere, no vale la pena como para hacerle perder la comunión con Él y los planes que Él tiene para su vida. Cuando usted elige obedecer a Dios, ha elegido el camino a la esperanza y a la bendición.

Lectura Bíblica Sugerida

JUAN 14.23; 16.33; LUCAS 5.1-11; 19.17;
GÉNESIS 1.28; 2.17; 3.3; 6-9; 2 CORINTIOS 10.5;
1 SAMUEL 10.8; 13.10-14; 15.22; ISAÍAS 6.5;
SALMOS 27.14; 51.7; 62.1-8; 139;
DEUTERONOMIO 11.26-28; PROVERBIOS
3.5-6; JOSUÉ 6.16-20; LUCAS 15.11-32 y
JEREMÍAS 29.11.

Oración

Querido Padre que estás en el cielo, te pido perdón
por mi autosuficiencia y por todas las veces que
escucho Tus órdenes y aun así fallo en obedecerlas.
Me propongo alinear mi vida con Tus principios y
obedecer Tu Palabra. Por favor, ayúdame con este
propósito y hazme reconocer cuando me pierda.
Amén.

RECURSO PARA
LOS PRINCIPIOS
DE LA VIDA

Diario

- ¿Existe un área en su vida en la cual no obedezca a Dios?

_____

_____

_____

_____

- ¿Puede comprometerse hoy a obedecer al Señor y a confiar en Él?

_____

_____

_____

_____

- Si es posible, consiga alguien a quien rendirle cuentas para que le ayude con las áreas contra las que lucha.

_____

_____

_____

La obediencia rara vez es fácil, pero siempre vale la pena.
Aprenda más acerca del valor de la obediencia fiel a Dios en
www.institutocharlesstanley.com.

RECURSO PARA
LOS PRINCIPIOS
DE LA VIDA

PRINCIPIO
6

VALE LA PENA ESPERAR PARA CONOCER LA VOLUNTAD DE DIOS

Esperar el tiempo de Dios es una de las lecciones más provechosas que jamás haya aprendido. En muchas ocasiones he elevado una petición a Dios y he recibido silencio como respuesta. A veces, la espera por una respuesta a mis oraciones parecía no terminar nunca. Pero sin importar cuán larga era la espera, al final Él siempre se ha hecho patente.

Esperar es probablemente una de las cosas más difíciles que los cristianos están llamados a hacer. Esto es especialmente cierto si ya sentimos algo al alcance de las manos y pensamos que Dios está a punto de bendecirnos con los deseos de nuestro corazón.

Mi hija, Becky, aprendió esta difícil lección cuando tenía veintiún años. De hecho, la aprendimos juntos. Ella se había comprometido para casarse con un joven estupendo. Yo no podía señalar una sola cosa que no estuviera bien con él. Tenía una familia maravillosa y todos amaban a mi hija tanto como él la amaba a ella. Pero algo en lo profundo de mi espíritu me decía que este matrimonio no estaba bien. No tenía explicación alguna para mis sentimientos, pero tampoco podía negarlos.

Una noche estábamos sentados alrededor de la mesa hablando de la boda, y comencé a orar en silencio, preguntándole al Señor si debía revelarle mis preocupaciones a Becky. La miré a través de la mesa, invadido por sentimientos de amor y de responsabilidad. Sabía que tenía el corazón de mi hija en mis manos, y era como si Dios me dijera, *Debes decirle lo que sientes, o vivirás el resto de tu vida deseando haberlo hecho.*

Las palabras brotaron de mi boca: «Becky, ¿te gustaría que te ayudara a suspender la boda?» Ella quedó tan atónita como yo. «¡Papá! ¿De qué estás hablando?» dijo. Le respondí: «Becky, no lo sé, simplemente sentí que Dios llamaba mi atención para hacerte esa pregunta». Ella guardó un embarazoso silencio por unos cuantos minutos y luego comenzamos a hablar de nuevo. Le dije: «Bec, si hubiera algo que quisieras hacer en esta etapa de tu vida, ¿qué sería?» No dudó un instante en su respuesta: «Iría al seminario». Le dije: «Bueno, eso es lo que harás. Creo que eso es lo que Dios quiere que hagas, y vamos a hacer nuestros planes con base en ello». Luego la tranquilicé: «Si esperas en Dios, Él traerá a la persona correcta a tu vida. A pesar de lo maravilloso que es este joven, no creo que sea la persona correcta».

Cuando terminamos nuestra cena, mi fiel hija telefoneó a su prometido y le informó de sus nuevos planes. Él respondió apocando su elección, y dijo lo último que debió haber dicho: «¿Hasta cuándo vas a escuchar a tu papito?» Cuando ella escuchó eso, su decisión quedó confirmada.

Todo ese proceso fue muy difícil para ambos. Fue uno de esos momentos críticos en mi vida cuando sabía que tenía que obedecer a Dios sin importar que se me malentendiera totalmente o que fuera amado para siempre. Como siempre, Dios recompensó mi obediencia. Ese otoño, Becky se reunió con su hermano Andy en el Seminario de Dallas. Luego de un tiempo de espera, el Señor la bendijo con un esposo maravilloso, y formaron la pareja perfecta. Ella y su familia no podían ser más felices.

Dios siempre tiene una razón muy clara para decirnos que esperemos, y la razón es, sin excepción alguna, para nuestro beneficio. Aunque es difícil, esperar es absolutamente esencial para vivir la vida cristiana, para andar en obediencia a Dios, y para recibir lo mejor de las bendiciones de Dios.

Ciertamente, el rey David sabía lo que significaba esperar en el Señor. Recuerde que David sólo tenía dieciséis años cuando fue ungido como rey. Sin embargo, no ocupó el trono sino hasta los treinta. Tuvo que esperar casi quince años. Ahora bien, ¿cuántas veces supone usted que David dijo: «Señor, no te has olvidado de mí, ¿o sí?» El plan de Dios sí se cumplió, pero David tuvo que esperar un buen tiempo. Ésta es la razón por la que usted ve a David una y otra vez en las Escrituras esperando en el Señor. Él aprendió de la manera difícil: Huyendo del rey Saúl, siendo perseguido, escondiéndose en cuevas y enfrentando persecución de todo tipo. Fue muy difícil para David, y si usted le hubiese preguntado «Bueno, David, ¿aprendiste tu lección?», él le habría respondido: «Sí, pero solo después de muchos, muchos fracasos».

Con toda seguridad, la paciencia es difícil, pero la omisión de esperar en el Señor puede traer muchas consecuencias desastrosas. Cuando no esperamos, salimos de la voluntad de Dios. En segundo lugar, demoramos la bendición planeada por Dios para nosotros. Debido a que nos adelantamos a Sus pasos, salimos del ciclo y nos perdemos las bendiciones de Dios en Su tiempo. En tercer lugar, causamos dolor y sufrimiento a los demás y a nosotros mismos. A lo largo de las Escrituras usted puede ver el dolor resultante que las personas soportan por haberse desviado de la voluntad de Dios y por hacer las cosas a su manera. En cuarto y último lugar, no esperar en el Señor puede costarnos desde el punto de vista financiero, emocional y relacional. Somos propensos a hacer juicios precipitados que con bastante frecuencia terminan costándonos mucho.

Puedo recordar demasiadas historias sin un final tan feliz como el de Becky. Hace años, uno de mis pastores asociados se acercó a pedirme su nombramiento como co-pastor junto a mí. Sólo había estado seis meses en el puesto y sabía que no estaba listo para asumir la responsabilidad que viene con el cargo de co-pastor. Se lo dije. Poco tiempo después de nuestra conversación inicial, llegó de improviso a una reunión del personal de la iglesia e hizo una declaración ante los diáconos, solicitando que yo lo nombrara pastor. Volvimos a hablar y le pregunté qué lo motivaba. Me dijo que quería ascender porque necesitaba tener más autoridad. Después que no lo promoví, envió a su esposa para elevar la petición. Como eso tampoco cambió mi posición, ambos dejaron la iglesia. Él asumió el cargo de pastor en otra iglesia compuesta por personas que se habían salido de otras cuatro o cinco iglesias.

Cuando este pastor se fue, le dije: «Hermano, todavía no está listo para ser el pastor de una iglesia, y quiero alentarlo a que no acepte ningún cargo como tal hasta que Dios le muestre que está listo para ello». De todos modos él renunció y se quedó en su nueva iglesia por una temporada hasta que el personal de la iglesia lo despidió. Su situación fue de mal en peor, y él terminó cometiendo suicidio.

Muchas personas no están dispuestas a esperar el tiempo de Dios, particularmente cuando esto incluye la posibilidad de soltar algo que desean con desesperación. Muchas veces he aconsejado a parejas que según creí no estaban listas para el matrimonio, y siempre las exhortaba a esperar. Algunas lo hacían, y otras no. Nunca olvidaré la expresión en el rostro de una joven a quien aconsejé que no se casara. Le expliqué las razones de mi preocupación y ella prometió que no se casaría, pero lo hizo de todos modos. Unos cuantos años después de su boda, la vi sollozando a la entrada de mi estudio. Tras abrirle la puerta, me dijo que se estaba divorciando.

Muchas personas cometen este error. Simplemente no pueden esperar el tiempo de Dios. Piensan, *Tengo 35 años, y si no me caso ahora, me quedaré soltero para siempre*. El temor se apodera de ellos, y piensan que perderán lo que desean si no lo atrapan lo más rápido que puedan. Temen perder una oportunidad que nunca más se volverá a presentar. Pero en realidad, terminan cometiendo errores que duran para siempre. En vez de querer lo que Dios quiere en el tiempo de Dios, quieren lo que ellos quieren en su propio tiempo. Cuando desviamos nuestros ojos de Dios y tratamos de manipular nuestra situación para conformarla a nuestra voluntad, generalmente armamos un lío colosal. Por lo general, siempre que usted trata de agarrar algo que no es de Dios, se convierte en polvo. Dios nunca prosperará lo que manipulamos. Sin importar cuánto nos esforcemos, simplemente no funciona. Podemos arrepentirnos, retroceder y esperar al Señor, en cuyo caso, es más que probable que Él nos dé lo que le estamos pidiendo, o podemos adelantarnos a Él y perderlo todo.

Puede que algo sea la voluntad de Dios, pero si usted se adelanta a Su tiempo, puede arruinar la bendición que Él tiene para su vida. Píenselo de esta manera: Si usted ensambla un modelo de avión que quiere hacer volar, primero tiene que esperar a que el pegamento se seque antes de lanzar su aeronave. Supongamos que usted ha esperado dos horas y el pegamento se ve como que ya está casi seco. No está totalmente sólido, pero usted está ansioso por seguir adelante así que lleva su flamante máquina voladora afuera y la lanza al aire. Antes de siquiera ganar altitud, se estrella contra el suelo y las piezas salen volando por todas partes. La misma analogía se puede hacer para casi todo aspecto de la vida: Comer un pastel a medio hornear que no ha estado en el horno el tiempo suficiente, cosechar una verdura del huerto antes que esté madura, correr una carrera cuando no se ha entrenado lo suficiente, etc. La ley de esperar rige en gran parte del universo, y todos vivimos más felices cuando aprendemos a obedecer con gracia.

Esperar en el Señor no significa quedarnos paralizados. Dios siempre se está moviendo y está activo. Él tiene un plan concreto para su vida, pero puede que esté llamándole a esperar por un tiempo, por algún propósito que yo no conozco. Oro para que usted lo descubra por cuenta propia, en Su tiempo.

El tiempo lo es todo. Esto lo vemos en la guerra, donde atacar en el momento equivocado podría costar la batalla. Lo vemos en la sala de operaciones, donde demasiado rápido, demasiado corto, demasiada cantidad, demasiado poco o demasiado tarde podría ser una tragedia. Lo vemos en los deportes, donde una demora podría costarle el partido. Sin embargo, de todas las cosas en que el tiempo es importante, es crucial y definitivo en nuestro andar diario con el Señor y en nuestros procesos de toma de decisiones.

Una de las razones fundamentales por las que los creyentes se alejan de la voluntad de Dios y de la comunión con el Señor, es que dan pasos independientes de Su bendición o guía. Están ansiosos e impacientes por alcanzar algo que están convencidos agradará a Dios. Sin esperar una dirección clara, se adelantan y toman decisiones sin entender la voluntad y el propósito de Dios. Es importante que usted entienda lo que significa esperar verdaderamente en el Señor.

En primer lugar, esperar en el Señor no supone que usted se ponga ocioso(a). Simplemente significa hacer una pausa hasta que usted reciba más instrucciones. Debe pensar en la espera como una quietud determinada, y durante ese tiempo usted decide no actuar hasta que el Señor le dé direcciones claras.

Sin embargo, debido a que vivimos en una «generación instantánea», las personas quieren hacer las cosas ahora mismo, conseguir las cosas ahora mismo, y seguir adelante. Pero hay muchos, muchos versículos en la Biblia que hablan acerca de esperar en el Señor. Esto no significa que, cuando usted se le adelanta a Dios algunas veces, Él no le bendecirá en cierta medida. Sin embargo, ciertamente no será lo mejor de Dios. Más aún, a menudo significa que usted cometerá un gran error que podría lamentar mucho.

Dios tiene un plan para su vida. Ese plan está claramente dirigido desde el principio. Esto quiere decir que Dios no le deja a usted para que adivine. Dios obra de esta manera porque todos los planes que Él tiene para la vida están relacionados, y Él sabe que lo que usted hará afectará a los demás así como también le afectará a usted, tanto ahora como en el futuro. Es fundamental que usted escuche a Dios y espere.

En segundo lugar, es importante ver cuán a menudo en las Escrituras Dios instruye a Su pueblo a que espere. Por ejemplo, lea el Salmo 27.14: «Aguarda a Jehová; esfuérzate, y aliéntese tu corazón; sí, espera a Jehová». A veces se requiere mucho valor para esperar y seguir esperando indefinidamente, cuando de repente uno empieza a pensar: «Si no aprovecho ahora mismo esta oportunidad, la voy a perder». Dios nos vuelve a decir: «Aliéntese tu corazón, sí, espera al Señor».

Note también el Salmo 37.4-7: «Deléitate asimismo en Jehová, y él te concederá las peticiones de tu corazón. Encomienda a Jehová tu camino, y confía en él; y él hará. Exhibirá tu justicia como la luz, y tu derecho como el mediodía. Guarda silencio ante Jehová, y espera en él…». La única manera de esperar pacientemente es reposando en Él, y eso significa que usted debe confiar en Él a tal punto que ya no esté preocupado. Entonces, claramente, usted no puede separar el esperar en el Señor del confiar en Él, ambas cosas van de la mano.

En tercer lugar, usted debe esperar en silencio. El Salmo 62 dice: «Alma mía, en Dios solamente reposa, porque de él es mi esperanza. Él solamente es mi roca y mi salvación. Es mi refugio, no resbalaré» (vv. 5-6). ¿Cuán a menudo se encuentra usted esperando pero no guarda mucho silencio al respecto? Tal vez usted espere pero se queja al respecto, y otras veces puede que espere pero le dice a Dios por qué cree que Él debiera apresurarse. ¿Estaría de acuerdo en que la mayoría de las veces Dios es un poco demasiado lento para su versión del programa? Pero no olvide: «En Dios solamente está acallada mi alma» (v. 1). Recuerde, esperar y confiar son inseparables. Debe confiar lo suficiente como para esperar en silencio.

En cuarto lugar, Dios le fortalecerá por medio de su espera. Vea la promesa en Isaías 40.31, la cual quizá sepa de memoria: «Pero los que esperan a Jehová tendrán nuevas fuerzas; levantarán alas como las águilas; correrán, y no se cansarán; caminarán, y no se fatigarán».

Dios quiere que usted aprenda a hacer eso. El viento debajo de sus alas es su confianza en Dios. Si usted confía en Dios, entonces Él le ayudará a sobrellevar el peso de sus cargas. ¿Significa eso que usted jamás se cansará? No, por supuesto que no. Una cosa es estar cansado *en* su trabajo y otra muy diferente es estar cansado *de* su trabajo, lo cual es agobiarse por dentro. Usted puede avanzar mucho aun cuando esté agotado por fuera. Sin embargo, cuando no tiene a nadie en quien confiar, su espíritu se extenúa y eso es estar en un conflicto mucho peor.

Menos mal, Dios nos promete que cuando esperamos en el Señor, Él renovará nuestra fuerza. Nos elevaremos con alas como las águilas y remontaremos las alturas. No sólo eso, sino que dice que correremos y no nos cansaremos, caminaremos y no perderemos el ánimo. Dios ha provisto toda la fuerza y energía que necesitamos.

En quinto lugar, esperar no involucra mirar a nuestro alrededor para ver lo que los demás están haciendo. ¿Cuán a menudo ha estado usted seguro de lo que el Señor le ha dicho, y luego ha cambiado su curso de acción debido a lo que vio hacer a los demás? O, ¿cuán a menudo ha estado usted seguro de lo que el Señor ha dicho, pero luego comenzó a dudar de Él debido a las voces negativas a su alrededor?

Cuando se trata de su andar personal y privado con Dios, lo primordial es esto: ¿Va usted a escuchar a Dios y a hacer lo que Él dice? ¿Va usted a esperar en Él cuando sus compañeros se impacienten y todo a su alrededor le esté empujando a dar un paso adelante?

Esperar demanda paciencia, y ciertamente requiere confianza. Al esperar en el Señor, usted tendrá que mantenerse firme contra la presión de los demás que quieren acosarle para que tome una decisión que encaje con sus propios programas y su propio tiempo. Tal vez se encuentre usted en una relación o en un empleo y no se sienta listo para seguir adelante. Si Dios no le ha dado luz verde, avanzar a insistencia de los demás es lo peor que usted puede hacer.

Sí, esperar es duro. Es difícil mantenerse quieto cuando todo en usted quiere avanzar. Sin embargo, los hombres y las mujeres sabios esperan en el Señor hasta haberle escuchado. Luego, cuando finalmente avanzan, es con osadía, confianza, valor, fuerza y absoluta seguridad de que Dios cumplirá Su palabra.

CUANDO DIOS PARECE NO CONTESTAR

Hay momentos en la vida de todo cristiano cuando Dios parece distante y desinteresado en cuanto a nuestras circunstancias. Oramos y buscamos diligentemente Su voluntad, pero nuestra necesidad, al menos desde nuestra perspectiva, sigue insatisfecha. Esperamos y esperamos pero no escuchamos noticias del Señor. ¿En verdad tiene Dios una respuesta? ¿Se preocupa cuando sentimos dolor y luchamos contra las presiones de la vida? ¿Cómo debemos manejar los momentos de silencio espiritual cuando sentimos como que Él mantiene la distancia y que no va a contestar nuestras oraciones según nuestros deseos?

La mejor manera de entender el corazón de Dios es estudiar los principios que se encuentran en Su Palabra. Antes de decidir que esto *no* funcionará para usted o para su situación, tómese unos cuantos minutos para leer la historia de María, Marta y Lázaro. Cada una de estas personas tenía necesidades concretas. Lázaro necesitaba un toque de sanidad de parte de Dios. Estaba mortalmente enfermo (Juan 11.1) y Jesús tenía el poder para sanarlo. María y Marta tenían tremendas necesidades. ¿Cómo sobrevivirían sin Lázaro? No sólo era su hermano, sino también su proveedor financiero; era la cabeza de su hogar, y debido a que no estaban casadas, Lázaro se encargaba de ellas. Jesús lo sabía.

De hecho, el Señor era muy amigo de los tres y un frecuente invitado a su casa. Betania, donde Lázaro y sus hermanas vivían, no estaba lejos de Jerusalén. Tan pronto María y Marta se dieron cuenta que la enfermedad de su hermano podía llevarlo a la muerte, lo único que parecía correcto era mandar llamar a Jesús. Conocían el poder que Dios le había dado. El llamado que le hicieron al Señor fue de amor y de amistad. «...Señor, he aquí el que amas está enfermo» (Juan 11.3).

El asunto en esta historia no era la sanidad sino la necesidad, y cómo Dios la satisfizo. Dios tiene el poder de sanar cualquier enfermedad. La cuestión que nos confronta en situaciones como ésta es la oposición entre la voluntad de Dios y la nuestra. Nos han enseñado a orar y pedirle a Dios que satisfaga nuestras necesidades, pero hay algo en lo profundo de este proceso que el Padre quiere que aprendamos. Empezaremos a entender cuán comprometido está Él en satisfacer nuestras necesidades cuando aprendemos a aceptar Su voluntad como perfecta. También debemos reconocer que Su tiempo es el correcto, así como que Su fuerza es suficiente y Su amor es eterno. Algunas veces cuando tenemos que esperar por la provisión o la respuesta de Dios, pareciera como si a Él no le interesara nuestra situación en absoluto.

Al ver que su hermano yacía moribundo, María y Marta no entendían cuán profundamente involucrado estaba Dios en sus vidas. Es más que probable que nosotros tampoco hayamos logrado entenderlo. Jesús estaba resuelto a demostrar su íntima preocupación por estas mujeres y su amigo Lázaro, pero primero, María y Marta tendrían que esperar. Sus oraciones, aunque estaban en armonía con la voluntad de Dios, parecerían no recibir respuesta.

Muchas veces perdemos la paciencia con Dios e intentamos satisfacer nuestras propias necesidades insatisfechas. Al hacerlo, casi siempre empeoramos las cosas al recurrir a lo siguiente:

• *Negar el problema.* Nos decimos a nosotros mismos que no hay problema. Si bien la negación es una defensa inicial que usamos para protegernos de la realidad de una profunda tragedia, un período prolongado de negación no es saludable. Tenemos que enfrentar la realidad con Dios, sabiendo que Él tiene una solución para los problemas que encontramos.

• *Evitar el problema.* Nos distanciamos del problema en un intento por protegernos de un dolor mayor. Evitar el problema funciona por un corto período de tiempo. Podemos ver cómo Dios lo usó en las vidas de Sus santos para proveerles de breves intervalos de descanso. Sin embargo, al igual que negar el problema, evitarlo nos impide tratarlo y resolverlo. La solución es buscar a Dios para encontrar sabiduría y una manera precisa de manejar las circunstancias en las que nos encontramos, aun cuando esto incluya esperar a que pase el momento de angustia antes que Él nos guíe. Esté dispuesto a esperar lo mejor de Dios. Saltar por encima de Él sólo lleva a una mayor confusión.

• *Proyectar el problema.* Usamos la proyección cuando culpamos a los demás. María y Marta se apresuraron a decirle a Jesús: «...Señor, si hubieses estado aquí, mi hermano no habría muerto» (Juan 11.21). Dios está totalmente al tanto de su situación. Él sabe exactamente lo que usted está enfrentando, y sabe cómo reaccionará. Por esta razón es crucial que usted acuda a Él en busca de sabiduría y de la respuesta correcta. Acepte la responsabilidad por su vida y por los problemas que está enfrentando. La enfermedad de Lázaro era una realidad de la vida y no una forma de castigo. Algunas veces, Dios usa circunstancias dolorosas para moldear nuestras vidas.

• *Mentir.* Cuando evitamos decir la verdad, terminamos hiriendo a los demás y a nosotros mismos. Sólo hay una manera de manejar las pruebas de la vida y es con sinceridad. Esto no significa que tengamos que revelar todo lo que sabemos o sentimos. Dios quiere que seamos cuidadosos con las palabras que salen de nuestra boca. Mentir y racionalizar no ayudan a solucionar el problema. Sólo impiden una piadosa solución definitiva.

• *Ceder y rendirse.* Generalmente, cuando vienen las pruebas de la vida, nos enfrentamos a la tentación de rendirnos. El desaliento es una de las formas de ataque favoritas de Satanás, quien cree que si puede desalentarnos, nos rendiremos y nos alejaremos de la voluntad de Dios y de Su plan para nuestras vidas.

¡Nunca se rinda! Confíe en Dios hasta el final, y usted verá que Su bondad se vuelve una realidad en su vida.

• *Conformarse.* En vez de identificarnos con lo que sabemos es lo correcto, fácilmente podemos conformarnos a la situación cuando estamos bajo presión. Nuestra iniciativa y creatividad se van agotando, y corremos el riesgo de hundirnos en la depresión.

Tal vez María y Marta hayan sido tentadas a caer en la autocompasión y en la duda, pero no se rindieron ante ninguna de ellas. Cuando Jesús llegó a Betania, Marta lo recibió con estas palabras: «...Señor, si hubieses estado aquí, mi hermano no habría muerto. Mas también sé ahora que todo lo que pidas a Dios, Dios te lo dará» (Juan 11.21, 22). ¿Cómo trataron las hermanas el hecho de que Jesús no se apresuró a llegar al lado de su hermano moribundo? No tenemos la reacción inmediata de ellas, pero sabemos que probablemente sintieron desilusión. Después de todo, ellas amaban a su hermano.

EL TIEMPO DE DIOS

En algún momento, María y Marta tuvieron que lidiar con la soberanía de Dios. Tuvieron que llegar a un punto en que aceptaron la voluntad de Dios por encima de sus propias voluntades. Cada uno de nosotros enfrentaremos esta decisión en algún momento de nuestra vida. Tal vez nos preguntemos por qué, al parecer, Dios no ha satisfecho nuestras necesidades. Pero en lo profundo de nuestro ser debemos entender que Dios nunca nos deja sin esperanza. Él tiene un plan y un diseño para nuestras vidas que se ajusta perfectamente a cada sufrimiento, cada dolor y cada problema que enfrentamos.

Jesús había predeterminado que sanaría a Lázaro, pero lo haría de tal modo que sólo Él fuera glorificado. También cumpliría Su voluntad en las vidas de María y Marta para que ellas llegaran a aceptarla.

¿CÓMO DEBE USTED MANEJAR SUS NECESIDADES INSATISFECHAS?

• *Comience con oración.* Permita que Dios conozca sus necesidades (Filipenses 4.6). Jesús enseñó a Sus discípulos que la oración es un estilo de vida, no sólo una actividad en la que uno participa. Cuando se sienta abrumado por las circunstancias de la vida, la oración es la única manera de cambiar la dirección de su mente y corazón. Centre su atención en Dios, quien es la única fuente de esperanza y de verdad.

• *Reconozca su necesidad y la carga que está llevando.* Los primeros santos de la iglesia usaban una simpática frase cuando hablaban de darle sus problemas a Dios en oración. Decían: «Transfiérele tu carga al Señor». Ésta es nuestra esperanza: Jesús nunca falla. Sus misericordias «nuevas son cada mañana...» (Lamentaciones 3.23) y están diseñadas específicamente para ayudarle a aguantar bajo la presión que viene de la prueba, la tragedia y el sufrimiento.

• *Reclame las promesas de Dios.* Cuando se enfrente a una situación difícil, capacítese en las promesas divinas que sean del caso. Las Escrituras son su fuente más grande de aliento. Resista la tentación de ir corriendo donde varias personas diferentes buscando la verificación de lo que Dios le ha mandado hacer. La fe es un ancla fuerte que nos sostiene firmes cuando los vientos de la tormenta emocional nos golpean. Reclamar las promesas de Dios y permanecer comprometidos al curso que Él nos ha dado es una poderosa manera de enfrentar cualquier tipo de tribulación o cambio.

• *Busque la dirección de Dios.* Usted puede hacerlo mediante el estudio de Su palabra y la oración. Pídale que le ayude a distinguir entre la verdadera necesidad que tiene y lo que usted percibe como una necesidad. A menudo, usted «cree» que tiene una necesidad específica cuando en realidad es un deseo. Muchas veces, si Dios le diera lo que usted «quisiera», usted se desviaría de su devoción a Él. Asegúrese de que sus motivos sean puros y centrados en Dios en vez de egocéntricos.

Asimismo, ore para que el Señor le muestre exactamente dónde es que se está perdiendo de lo mejor de Él. Si usted ha levantado muros, no le será fácil aceptar Su voluntad para su vida. Pídale que eche abajo cualquier barrera que le separe de Él. Una vez que usted se libere y le permita satisfacer sus necesidades conforme a Su tiempo y Su plan, descubrirá Su bondad y gracia fluyendo en cada área de su vida.

• *Esté dispuesto a esperar.* Esto es crucial. María y Marta tuvieron que esperar. Su esperanza se había desvanecido porque su hermano estaba muerto y Jesús no había venido cuando enviaron por Él, pero Dios tenía un propósito más grandioso en mente que el de meramente satisfacer la expectativa de ellas. Él demostraría Su poder para darle vida nueva a un hombre muerto. ¿Cuál era el milagro más grande, sanar a Lázaro o resucitarlo luego de haber estado muerto por cuatro días? Por supuesto que su resurrección era la hazaña más sensacional. Este milagro también apuntaba a la futura resurrección de Cristo. Dios siempre tiene un bien mayor en mente. Muchas veces nuestra comprensión espiritual es muy limitada, pero Dios lo ve todo. Él sabe exactamente lo que está sucediendo en cada nivel espiritual, además de todo lo que estemos enfrentando. Él tiene un plan y, si somos sabios, esperaremos a que Él nos lo revele.

• *Agradézcale a Dios por adelantado por Su provisión.* La confesión positiva es una fuerza poderosa en la vida de un creyente. Esto no significa que usted se jacte de la liberación de Dios o que la afirme fuera de Su voluntad expresa para su vida. Agradecer a Dios por Su fidelidad y provisión es una indicación de nuestra sumisión a Su voluntad sin importar nuestras esperanzas o expectativas. Puede ser que las circunstancias de la vida no salgan como pensamos. Puede ser que luchemos. María y Marta vieron morir a su hermano. Sin embargo, gracias a que servimos a un Señor y Salvador resucitado, sabemos que sin importar lo que enfrentemos en esta vida, al final de todo Dios nos librará de todo mal. Él nos bendecirá en nuestra búsqueda por conocerle más íntimamente. Nos guardará, protegerá y guiará hacia un lugar de gran bendición y esperanza.

¿Ha confiado usted en el Salvador en cuanto a sus necesidades insatisfechas o sigue centrado en satisfacer sus propias esperanzas y deseos lo más rápidamente posible? Sólo Dios puede satisfacer sus necesidades plenamente. Confíe en Él, déle su carga para que Él la lleve y presenciará un tremendo milagro. Solo le toca ser paciente, el mismo acto de esperar fortalecerá su esperanza y traerá aliento de nueva vida a su ser.

¿POR QUÉ ES SABIO ESPERAR?

1) Para recibir la dirección clara de Dios para su vida. ¿Puede usted nombrar algo que no deba compartir con Dios? Hablar con Él, escucharle, esperar en Él... no hay nada que no merezca Su atención. El Señor desea que usted pase todo por el tamiz de Su voluntad, Su propósito, Su plan y Su Palabra.

2) Para mantenerse en sintonía con el tiempo de Dios. A menudo, lo que usted quiere para sí también es lo que Dios quiere para usted. Sin embargo, puede que su tiempo no sea el mismo que el de Dios. Así que, aun cuando Dios quiere que usted tenga una bendición, puede que la retenga por algún tiempo y diga: «No, éste no es el momento correcto para proceder».

3) Para darle a Dios el tiempo suficiente para prepararle para Su respuesta. Muy a menudo, es posible que usted sepa exactamente lo que Dios quiere para usted. Sin embargo, Él puede decirle que espere. Tal vez usted exclame: «Pero si esto es lo que se supone que debo tener, ¿por qué no puedo tenerlo ahora?» La respuesta es que algunas veces Dios tiene que prepararle la bendición, o prepararle a usted para el siguiente paso. Lo que sería un placer para usted mañana podría ser un desastre absoluto hoy.

4) Para fortalecer su fe. Piense en cómo se sentiría Abraham. Dios le había prometido un hijo, pero pasaban las décadas y no había hijo. ¿Significó eso que Abraham había escuchado mal? No, porque sabemos que Abraham se convirtió en el padre de toda la raza hebrea. Abraham no era perfecto, pero a través de los años de espera aprendió a confiar en el Señor.

5) Para permitirle a Dios filtrar sus motivos y así revelar sus deseos. Aun si lo que usted quiere concuerda con lo que Dios quiere, puede que sus motivos estén mal alineados. ¿Cuál es su motivo? ¿Se trata de algo egoísta? ¿Es realmente lo que usted cree que Dios quiere para su vida? A menudo, Dios hace a Su pueblo esperar para que Él pueda tomarse el tiempo y limpiar su corazón de malos motivos.

Después de cincuenta años de escuchar las frustraciones de las personas con el cristianismo, estoy totalmente persuadido de que hay una causa fundamental y subyacente para su insatisfacción: No entienden la naturaleza de la voluntad de Dios ni cómo discernirla. Sin ese conocimiento, que afecta cada aspecto de la vida desde la oración hasta la toma de decisiones, nunca pueden saber dónde se encuentran en el peregrinaje cristiano.

Cuando las personas no están seguras de la dirección de Dios, a menudo piensan, *Simplemente haré lo mejor que pueda y esperaré que todo funcione.* Pero eso no es lo mejor *de Dios.* Él tiene una voluntad, un plan, un propósito y un deseo específico para cada uno de Sus hijos. Jeremías 29:11-13 muestra claramente que Su plan es para nuestro bien, y podemos descubrirlo si lo buscamos de todo corazón. Recuerde que Dios es un creador, no un reactor. Él planeó la creación y la nación de Israel. Las profecías del Antiguo Testamento nos ponen al tanto de los eventos que preparó desde el principio. Lo que es más, Él diseñó cada detalle de la llegada del Mesías así como nuestra redención, resurrección y recompensas. Luego de semejante planificación tan precisa, Dios nunca le diría a la humanidad: «Ahí está, a ver, hagan lo mejor que puedan». Nunca podríamos cumplir con Su plan único para nosotros de manera individual si fuéramos abandonados a nuestros propios recursos.

Dios es soberano y Su voluntad decidida abarca todas las situaciones. Los eventos en Su programa divino son absolutamente inevitables, inmutables e irresistibles. Al mismo tiempo, nuestro Salvador permite que nuestro libre albedrío juegue un papel en nuestras vidas. Las Escrituras explican al detalle ciertos aspectos de Su voluntad deseada para que sabiamente podamos elegir lo mejor de Él. Por ejemplo, la Biblia nos dice que Dios quiere que conozcamos Su plan y Su propósito para nuestra vida. Pablo escribió a los colosenses: «Por lo cual también nosotros, desde el día que lo oímos, no cesamos de orar por vosotros, y de pedir que seáis llenos del conocimiento de su voluntad en toda sabiduría e inteligencia espiritual» (Colosenses 1.9).

Dios no retiene información alguna que necesitemos con relación a Su voluntad, pero no podemos esperar que nos revele ahora cómo serán los próximos diez años de nuestra vida. Ya que Él quiere que vivamos dependiendo confiadamente de Él cada uno de nuestros días, no nos muestra lo que va a hacer con demasiada anticipación. Su Palabra es una lámpara a nuestros pies, no un reflector que ilumina la carretera con toda claridad hasta nuestro destino (Salmo 119.105). Dios sabía que si teníamos un libro que nos dijera toda nuestra vida, lo leeríamos, lo cerraríamos y nos alejaríamos confiados en nuestra propia fuerza. En vez de ello, Él desea que usted y yo conozcamos y obedezcamos Su voluntad para nosotros día a día.

CONOCIENDO LA VOLUNTAD DE DIOS

Como pastor, una de las preguntas más comunes que escucho es: «¿Cómo puedo conocer la voluntad de Dios?» Las personas no solo preguntan esto cuando están tratando de determinar la dirección general que su vida debe tomar, sino también en lo que respecta a las pequeñas decisiones diarias que enfrentan. Muchos están confundidos en cuanto a si es posible conocer la voluntad del Padre o si incluso Él tiene una voluntad específica para sus vidas.

Él planeó la creación y la llegada del Mesías así como también nuestra redención, resurrección y recompensas. Luego de semejante planificación tan precisa, ciertamente Dios no le diría a la humanidad: «Hagan lo mejor que puedan». Nunca podríamos cumplir con Su plan único para nosotros de manera individual si nos abandonara a nuestros propios recursos. Tenga esto por seguro: Usted *puede* conocer la voluntad de Dios, y puede conocerla con *certeza*. Dios no juega con Sus hijos escondiendo Sus pensamientos de nosotros. Uno de Sus más grandes deseos para nosotros es que vivamos Su plan para nuestras vidas. Sin embargo, las personas a menudo se rompen la cabeza en cuanto a si se han alejado o no de la voluntad de Dios, o si no están dando en el blanco sin saberlo.

Usted no tiene que preocuparse, porque puede conocer la voluntad de Dios con plena certeza para cada circunstancia de su vida. Si bien puede que Él no revele cada detalle acerca de las situaciones que usted enfrenta, Su Palabra revela pasos muy específicos que usted puede dar cada día a fin de aprender y cumplir Su voluntad para su vida.

En su carta a la iglesia de Colosas, Pablo escribió que estaba orando por ellos para que fueran «llenos del conocimiento de [la] voluntad [de Dios] en toda sabiduría e inteligencia espiritual» (Colosenses 1.9), no simplemente para que tuvieran una idea vaga acerca de lo que el Señor tenía en mente. Ser llenos de este conocimiento significa que la voluntad de Dios esté presente en cada aspecto de lo que pensamos, hacemos y decimos. Su voluntad ha de ser la rejilla a través de la cual filtramos cada motivación, acción y circunstancia de la vida. En otras palabras, sin importar qué ocupe nuestra atención, ya sea en lo concerniente a la familia, las finanzas, las relaciones, la salud o la fe, nuestro pensamiento continuo debe ser: *Padre, ¿qué quisieras que yo haga? ¿Cuál es el curso sabio a seguir?* A menos que conozcamos y sigamos la voluntad de Dios, vamos a perdernos de las maravillosas bendiciones que Él tiene reservadas para nosotros.

A fin de discernir lo que Dios desea para su vida, es útil entender que Su voluntad tiene dos aspectos. Primero, Su voluntad *decidida* incluye aquellas cosas que son indiscutibles. La soberanía de Dios prevalece sobre todo y sobre todos para garantizar que nada impida que estos sucesos se den. El cumplimiento de la profecía y de las promesas divinas son ejemplos de Su voluntad decidida. En segundo lugar, Su voluntad *deseada* abarca todo lo que Él quiere para usted, quien con su limitado libre albedrío, puede rechazar. Ambos aspectos de la voluntad de Dios representan lo mejor de lo mejor de Él para nosotros.

Los beneficios de seguir la voluntad de Dios, y las consecuencias de ignorarla, son razones de peso para tratar de descubrir lo que el Señor desea para su vida. Al tomar decisiones importantes, considere las siguientes preguntas:

1) ¿Está relacionada con la Palabra de Dios? Busque pasajes en las Escrituras que indiquen que éste es el camino correcto a seguir o que le den razones para no proceder. Así no pueda encontrar los versículos que describan una situación comparable a la suya, busque verdades aplicables. La Palabra de Dios está llena de principios para la vida, y un solo pasaje puede ofrecer sabiduría que se puede aplicar a muchas circunstancias. El Salmo 119.11 dice: «En mi corazón he guardado tus dichos, para no pecar contra ti». En otras palabras, la Biblia es una guía, pero para que ésta pueda ser útil, debe leerse y usted debe almacenar su sabiduría en su corazón.

2) ¿Es una decisión sabia? Para contestar a esta pregunta, usted debe hacerse otras: ¿Cuáles son las consecuencias a futuro? ¿Estoy apresurándome hacia algo? ¿Hacia dónde me va a llevar esto? ¿Creará algún tipo de deuda? ¿Le hará daño a alguien? Al comenzar a hacerse estas preguntas, el Espíritu Santo dará testimonio a su espíritu si avanzar está bien o mal. Pero conteste estas preguntas con honestidad. Satanás quiere ayudar a programar su mente para que usted racionalice y concluya que lo que quiere hacer está bien.

3) ¿Puedo pedirle a Dios con toda honestidad que me habilite para alcanzar esto? Algunas personas le dirán que está bien pedirle a Dios cualquier cosa, pero no es así. Por ejemplo, así usted necesite dinero con urgencia, no puede pedirle a Dios que permita una confabulación para el engaño o el fraude. Recuerde, todo lo que usted adquiera fuera de la voluntad de Dios tarde o temprano se convertirá en polvo.

4) ¿Tengo paz verdadera con respecto a esto? Colosenses 3.15 dice: «Y la paz de Dios gobierne en vuestros corazones...». Pero, ¿qué significa tener paz? Algunas personas «oran» por sus decisiones sin darle a Dios una oportunidad para responder. Simplemente hablan acerca de sus propios deseos y asumen que tienen la luz verde divina, pero eso no es buscar la mente de Dios. La paz no es algo que usted pueda forzar, pero sí puede saber cuándo es auténtica. Al acostarse en la noche, cuando tenga un momento de tranquilidad, presente su preocupación delante del Señor. Si no hay una agitación en su corazón, su conciencia y sus emociones no están diciendo otra cosa sino «sí», y usted entiende que Dios está diciendo que «sí», entonces tiene perfecta paz. Si siente cualquier otra cosa, deténgase y espere.

Algunas veces, lo que usted desea es realmente la voluntad de Dios, pero no para el momento presente. Usted no experimentará paz para proceder hasta que Su tiempo sea el correcto. Una respuesta de «no» o «espera» podría parecer frustrante si usted desea algo con desesperación. Pero piense en lo seguros que estamos como creyentes. Dios nunca nos mentirá ni nos engañará. Él siempre nos guiará en la dirección que sea para nuestro mayor beneficio, y tenemos que ser lo suficientemente sabios como para seguirlo. Simplemente no nos dará paz alguna en cuanto a algo que no sea Su voluntad. Si lo hiciera, no podríamos confiar en Él.

5) **¿Encaja esto con quien yo soy como creyente de Jesús?** Algunas cosas simplemente no cuadran con un hijo de Dios. Por ejemplo, la Biblia dice que el cuerpo es el templo del Espíritu Santo (1 Corintios 6.19), así que cualquier cosa que sea físicamente dañina no es la voluntad de Dios. La disciplina divina viene de diferentes maneras; si desobedecemos las leyes de la salud, sufriremos las consecuencias, incluso si somos obedientes en otros aspectos. Otra área de preocupación es el testimonio del creyente. La manera en que respondemos a los demás, sean familiares, compañeros de trabajo o meseros que nos sirven la comida, debe corresponder con el hecho de que pertenecemos a Cristo y lo reflejamos al mundo. En otras palabras, si afirmamos ser cristianos, no sería adecuado guardar rencor, oír y contar chismes, tener relaciones indebidas, o expresar críticas severas e injustas.

6) **¿Encaja esto con el plan general de Dios para mi vida?** Tenemos que considerar cómo nuestro pensamiento, nuestra conducta y las decisiones que tomamos aquí y ahora coinciden con los planes del Señor para nosotros a largo alcance. Ésta es la razón por la que debemos enseñar a nuestros hijos a tener mucho cuidado en cuanto a cómo se deciden por una vocación, cómo eligen a su cónyuge, y cómo toman

todas las demás decisiones importantes de la vida. En cada caso, la pregunta es: ¿Encaja esto con el propósito de Dios para mi vida? Sería muy diferente si el Señor nos dejara todas las elecciones a nosotros, en ese caso tendríamos la libertad de tomar toda decisión sin considerar Su voluntad en el asunto. Pero Él tiene un plan específico para cada uno de Sus hijos, y es para que tengamos lo mejor de Él porque Él es un Padre amoroso, omnisciente y lleno de sabiduría.

7) **¿Le dará esta decisión honra a Dios?** Es decir, *¿Estoy mostrando respeto y reverencia por el Padre celestial al tomar este curso de acción? ¿Es evidente por lo que estoy haciendo que reconozco a Jesucristo como el Señor y Amo de mi vida?* Nuestras acciones y actitudes deben estar más de acuerdo con nuestro conocimiento de quién es Dios que con una declaración tácita de que estamos «haciendo lo nuestro». Nuestra desobediencia entristece el corazón de Dios, pero Él no es el único que lo nota. El mundo observa a los cristianos para ver si son coherentes o hipócritas, así que es importante que nuestras decisiones reflejen un corazón obediente hacia el Señor.

Estas siete preguntas son sencillas, pero al considerarse con honestidad revelan mucho acerca de lo que hay en su propio corazón, y también le ayudan a descubrir el corazón de Dios. Una vez que usted conoce la mente de Dios en cuanto a un asunto, hay una pregunta final que debe hacerse: *Ahora que conozco Su voluntad, ¿estoy dispuesto a hacerla?* Seguir al Señor puede ser costoso (Lucas 14.26-33). Es posible que le malinterpreten, le critiquen o le sancionen de alguna manera. Pero sea lo que sea que Dios considere apropiado hacer con su vida, siempre será el mejor curso de acción posible. Usted verá cuán fiel Él es al obedecerle y verle obrar.

Si usted se encuentra en el proceso de tomar una decisión difícil y siente reservas o temor en cuanto a las consecuencias, recuerde que le ha confiado su vida a un Padre celestial amoroso quien sólo planea lo mejor, sólo promete lo mejor y sólo provee lo mejor. Usted simplemente no puede perder cuando obedece la voluntad de Dios.

Lectura Bíblica Sugerida

SALMOS 27.14; 37.4-7; 62; 119.11, 105; JUAN
11.1-22; LAMENTACIONES 3.23; JEREMÍAS
29.11-13; COLOSENSES 1.9; 3.15; 1 CORINTIOS
6.19 y LUCAS 14.26-33.

Oración

Señor, te pido que me enseñes cómo esperar en Ti
Tu tiempo perfecto. Pongo en Ti todas mis expectativas y confío en que provocas lo mejor para mí en el
momento correcto. Amén.

RECURSO PARA
LOS PRINCIPIOS
DE LA VIDA

Diario

- ¿Recuerda algún momento cuando se salió del tiempo de Dios?

_____

_____

_____

_____

- ¿Espera que Dios haga algo en su vida ahora mismo?

_____

_____

_____

_____

- Practique la espera activa orando, leyendo la Escritura y hablando de su experiencia con otros amados que puedan esperar con usted.

¿Cómo puede saber que Dios está activo cuando usted ora, aunque tarde en responderle? Descubra el valor de la oración bíblica y de la paciencia en *www.institutocharlesstanley.com* hoy mismo.

RECURSO PARA
LOS PRINCIPIOS
DE LA VIDA

PRINCIPIO 7

DIOS NOS PURIFICA POR MEDIO DEL FUEGO

Un paño puede limpiarle el polvo a una pieza de oro, pero para eliminar las impurezas incrustadas, el metal debe ser refinado. Es decir, debe ser derretido al fuego para que cualquier mancha o contaminación suba a la superficie y sea quitada.

Con frecuencia se compara la vida cristiana con este proceso: «Y se sentará... los afinará como a oro y como a plata, y traerán a Jehová ofrenda en justicia» (Malaquías 3.3). Cuando enfrentamos luchas, Dios nos purifica como a metal precioso, cavando en lo profundo de nuestras vidas para eliminar toda la suciedad y la contaminación. Lo hace no para damnificarnos, sino más bien para ayudarnos a crecer y convertirnos en bellos reflejos de Él.

Con demasiada frecuencia escuchamos a personas exclamar: «¡Este mundo está fuera de control!» Aquellos con muy poca fe o sin fe en absoluto en un Dios todopoderoso del universo se encuentran sin fuente alguna de fortaleza o de aliento cuando su mundo comienza a desmoronarse. Sufrimientos familiares, problemas financieros o tragedias nacionales, éstas son cosas que todos hemos presenciado directamente. Ante tal confusión, ¿cómo podemos estar seguros que Dios tiene el control?

Si tuviera que elegir un solo libro en las Escrituras que revelara poderosamente el control total de Dios página tras página y de comienzo a fin, sería Génesis. En el primer libro de la Biblia podemos ver a Dios obrando a través de todo tipo de circunstancias y obstáculos. El primero, como se revela en el primer capítulo de Génesis, fue la nada absoluta. Piense en ello por un momento. Dios creó *todo lo que hay... de la nada.* Por lo tanto, Él es el Señor supremo de la creación.

Luego, en el tercer capítulo, vemos que el pecado invadió a la perfecta creación de Dios. ¿Mostró esto falta de control de parte de Dios? No, porque a pesar de la presencia del pecado en el mundo, Él ofreció un camino para que usted y yo conquistáramos el pecado y la muerte y alcanzáramos la victoria.

En tercer lugar, los capítulos 6 y 7 revelan que la humanidad era tan vil, tan malvada y tan maligna, que Dios decidió destruir a toda persona sobre la tierra con un gran diluvio. ¿Mostró esto falta de control de parte de Dios? No, porque en Su poder, el Señor salvó a una familia para volver a poblar la tierra, una familia que habría de ser el medio por el que las personas pudieran ser bendecidas más adelante a través de Jesucristo.

En cuarto lugar, luego que las aguas del diluvio amainaron y la población volvió a crecer, Dios quiso que las personas se dispersaran, pero en vez de ello, eligieron permanecer en un solo lugar. Incluso quisieron construir una torre que llegara al cielo y así pudieran sentirse cerca del Señor. ¿Mostró esto falta de control de parte de Dios? No, porque Dios entró en escena, confundió sus idiomas, y así los dispersó por todo el mundo. Él no permitió que las acciones de las personas anularan Sus planes para ellas.

Vemos este patrón una y otra vez a lo largo de Génesis: Dios planea hacer algo, y a pesar de la infidelidad humana, se cumple Su perfecta voluntad. Éste es el caso a lo largo de toda la Biblia, y sigue siendo cierto hoy. Dios tiene el control a pesar de nuestro dolor, de nuestras preguntas, de nuestra confusión y de nuestro egoísmo.

DIOS TIENE EL CONTROL

Recuerdo una época en particular en mi vida cuando estaba luchando contra el desaliento, la duda, el temor y la soledad. Pasaba muchas noches teniendo largas conversaciones con un amigo íntimo, a quién le abrí mi corazón por horas. Muchas veces durante esas charlas, mi amigo me interrumpía y me decía: «Pero recuerda, Dios tiene el control». Esta declaración se convirtió en un ancla para mi vida. Sin importar cuán fuerte soplaran los vientos, o cuán intensa se hiciera la adversidad, mi alma permanecía anclada a esta sencilla verdad: Dios tiene el control.

Descubrí que cuando una persona puede enfrentar aterradores obstáculos con la seguridad del control completo de Dios, una formidable sensación de poder y seguridad comienza a brotar dentro de su corazón.

El salmista David aprendió esta lección a lo largo de una vida de altibajos, éxitos y feroces desafíos. En el Salmo 103.19-22, David alaba a Dios por Su dominio, exclamando: «Jehová estableció en los cielos su trono, y su reino domina sobre todos» (Salmo 103.19). Aquí, David, el rey más amado de Israel, expresa su humilde sumisión a Aquel que está sentado en el trono celestial, el Señor de toda la creación.

David también nos presenta un aspecto vital del carácter de Dios, Su completa *soberanía*. ¿A qué nos referimos por soberanía? Ésta es una palabra que denota la autoridad, el gobierno y el control supremos y absolutos de Dios sobre todo este universo y sobre cada uno de los seres humanos. Sobre todo esto, Él es todopoderoso, omnisciente y omnipresente.

Hay muchas personas en este mundo que niegan la existencia de Dios o tratan de excusarlo de la responsabilidad cuando suceden cosas malas. En efecto, incluso aquellos que se proponen defender a Dios dicen: «Dios existe, pero no permitió eso. Eso sucedió sin Su consentimiento». De lo que estas personas no se dan cuenta es que están insultando y rechazando Su completa soberanía sobre todos los aspectos de la vida.

¿Por qué lo hacen? ¿Por qué tropiezan con la soberanía de Dios o tratan de pasarla por alto? En primer lugar, está claro que muchos no entienden la Palabra de Dios, la cual enseña claramente el control completo de Dios sobre la creación. En segundo lugar, su idea de Dios está totalmente alejada de la Biblia y es infundada. Tratan de poner a Dios en un molde conforme a lo que ellos creen que Él es, y por lo tanto, reemplazan Su justicia con la suya. En consecuencia, si algo sucede que ellos mismos no pueden entender, se sienten inclinados a afirmar que Dios no tuvo nada que ver con ello.

Permítame hacerle una pregunta. Si Dios no tiene el control, ¿entonces quién lo tiene? Si nadie o nada tiene el control, ¿no significa acaso que todo lo que sucede es el resultado de la casualidad o de la suerte? Hasta los cristianos mencionan de paso las ideas de *suerte* o *buena fortuna*. Al escucharlos, sé de inmediato que no entienden la Palabra de Dios. Las Escrituras son claras. Dios no está en el negocio de la suerte; está en el negocio de la bendición.

Si reemplazamos la soberanía de Dios con pura suerte, simplemente estamos diciendo que no hay plan ni orden en el universo, y que somos víctimas inermes de las circunstancias que nos rodean. Si ése es el caso, entonces algunas veces estaremos felices, la mayoría de las veces no estaremos realizados, y siempre temeremos el futuro.

Dios no quiere que vivamos así. Él tiene el control absoluto de cada uno de los acontecimientos en esta vida. Él es el Amo de las cosas que afectan Su propósito para cada uno de nosotros. ¿Cómo podemos estar seguros? Abramos la Palabra de Dios y examinemos algunos pasajes que revelan Su soberanía. Primero, permítame decirle que no encontraremos un pasaje en la Biblia donde Dios exclame: «Así dice el Señor Dios: "Yo soy soberano"». En vez de usar meras palabras, Dios usa la vida misma para revelar Su control absoluto.

Debido a que Dios usa la vida para demostrar Su soberanía, es natural comenzar nuestro estudio de la evidencia bíblica en la primera frase de la Biblia, Génesis 1.1: «En el principio creó Dios los cielos y la tierra». Piense en lo que esto significa: Dios creó todo lo que existe de la nada. Él puso éste y todos los demás mundos en sus lugares y creó las galaxias, los sistemas solares, la gravedad, el tiempo, el espacio… literalmente cada pizca de materia en el universo. Si puso todo esto en movimiento, entonces Él es más que capaz de sostener Su creación por la eternidad.

Aparte de la creación en sí, el Antiguo Testamento revela el control de Dios en toda área, en particular sobre la naturaleza, las naciones y hasta sobre los incrédulos. Por ejemplo, hay que tomar nota de Su dominio sobre la naturaleza en el Salmo 135:6-7, el cual explica: «Todo lo que Jehová quiere, lo hace, en los cielos y en la tierra, en los mares y en todos los abismos. Hace subir las nubes de los extremos de la tierra; hace los relámpagos para la lluvia; saca de sus depósitos los vientos».

El Salmo 104:14 ilustra todavía más este hecho: «Él hace producir el heno para las bestias, y la hierba para el servicio del hombre, sacando el pan de la tierra». Esto muestra que a pesar de la participación del hombre en la agricultura, sería imposible si Dios no hiciera crecer la vegetación de la tierra. El hombre sólo puede hacer hasta cierto punto, mientras que Dios no está limitado por la naturaleza.

Ahora bien, cuando pensamos en la historia del mundo y vemos cuántas naciones han ocasionado dolor, guerra y derramamiento de sangre, es fácil preguntarse si Dios tenía el control de estos eventos. En tiempos de guerra, ¿no es más fácil creer que son hombres despiadados e imprevisibles los que están a cargo en vez de Dios?

Necesitamos entender que a Dios no le preocupan los dictadores mundiales porque la única razón por la que tienen cargos de poder es que el Señor así se los ha permitido. Job 12.23 declara: «Él multiplica las naciones, y él las destruye; esparce a las naciones, y las vuelve a reunir». El Salmo 22.28 recalca aún más esta idea: «Porque de Jehová es el reino, y él regirá las naciones».

Así vemos que no hay nación, presidente, dictador o ejército que haga algo fuera del control de Dios. Esto no significa que entenderemos por qué suceden ciertas cosas. Obviamente hay algunas atrocidades, como por ejemplo el Holocausto nazi, que parecen desafiar toda explicación. Sin embargo, tenemos la garantía de las Escrituras, que incluso cuando no entendamos Su plan, Dios permanece en control de cada nación.

Otra cosa que a menudo no logramos entender es que Dios es soberano sobre aquellos que ni siquiera creen en Él. ¿Cómo puede Dios reinar en la vida de un incrédulo? Daniel 4.28-37 cuenta una maravillosa historia acerca del rey babilonio Nabucodonosor. En el versículo 30, el rey reflexiona sobre su propia grandeza, diciendo: «¿No es ésta la gran Babilonia que yo edifiqué para casa real con la fuerza de mi poder, y para gloria de mi majestad?» ¡Qué arrogancia! Éste es un hombre que sólo se alabó a sí mismo por lo que Dios le había permitido alcanzar.

Dios escuchó los alardes de Nabucodonosor, y en los versículos 31-32 el Señor responde: «A ti se te dice, rey Nabucodonosor: El reino ha sido quitado de ti». Dios prosigue a explicar cómo humillará al poderoso rey hasta que reconozca «...que el Altísimo tiene el dominio en el reino de los hombres, y lo da a quien él quiere» (Daniel 4.32).

En el versículo 37 vemos al rey, luego de haber pasado por su experiencia humillante, proclamando honor y alabanza al «Rey del cielo». Incluso este gobernante incrédulo de una poderosa nación pagana se dio cuenta que su control sólo provenía de Dios.

Por cuanto sabemos que Dios tiene el control, podemos encontrar paz en varias garantías del Padre. Primero, hallamos consuelo al saber que el Dios todopoderoso, quien tiene el control absoluto de todo, participa de manera íntima y continua en nuestras vidas personales cada día. Dios nunca deja de proveer, proteger, velar y cuidarnos a cada uno de nosotros. Debido a que es soberano y omnisciente, sabe exactamente qué necesitamos para hoy y para mañana.

Segundo, debido a que Dios es soberano, tenemos por seguro que Él desarrollará cada una de las circunstancias en nuestras vidas para algo bueno, pase lo que pase. Tal vez sea doloroso, difícil o aparentemente imposible, pero Dios puede usar y usará la situación para lograr Su propósito divino. Romanos 8.28 lo explica claramente: «Y sabemos que a los que aman a Dios, todas las cosas les ayudan a bien, esto es, a los que conforme a su propósito son llamados». Esta afirmación tiene sentido sólo cuando entendemos que Dios tiene el control total.

Tercero, tenemos garantizado que nada nos puede tocar fuera de la voluntad permisiva de Dios. El Salmo 34.7 explica: «El ángel de Jehová acampa alrededor de los que le temen, y los defiende». Esto significa que Dios es nuestro protector. Cuando algo sucede en nuestra vida que es doloroso o inexplicable, ¿acaso significa que Dios perdió el control por un momento? No, porque sabemos que estas cosas no pueden pasar a menos que Dios las permita. Esta esperanza nos habilita para caminar osadamente hacia el futuro, porque sabemos que Dios estará allí esperándonos, protegiéndonos y guiando nuestros pasos para siempre.

Amigo mío, cuando comience a entender que Dios tiene el control total de este mundo y de todo lo que hay en él, su vida cambiará para siempre. Dios es soberano y omnisciente. Él puede responder a las preguntas más duras que usted le haga. También es omnipotente, tiene la fuerza suficiente para vencer el obstáculo más grande que usted tenga. Además es omnipresente, dondequiera que usted vaya, Él estará allí con usted. No importa qué dolor, prueba o tragedia se le presente en el camino, regocíjese de que su Padre estará allí para asegurar que obre para su bien, sin importar qué suceda.

NOS HACEMOS MÁS FUERTES A TRAVÉS DE LAS PRUEBAS

La adversidad es una de las experiencias inevitables de la vida, y ninguno de nosotros se alegra cuando nos afecta de manera personal. Una teología popular dice: «Tan sólo confía en Dios, piensa correctamente y no tendrás penurias». Sin embargo, al buscar en las Escrituras, vemos que Dios ha hecho progresar a Sus siervos más grandes a través de la adversidad, no de la prosperidad.

Dios no está interesado en formar una generación de cristianos pusilánimes. En vez de ello, usa las pruebas para entrenar soldados incondicionales y llenos del Espíritu para Jesucristo. La mayoría de nosotros ni siquiera queremos oír acerca de las dificultades y mucho menos vivirlas, pero es mucho mejor aprender acerca de la adversidad *antes* de experimentarla que enfrentar una penuria y preguntarse, *Señor, ¿y ahora qué Te propones hacer?*

Vivimos en un mundo caído, así que nos guste o no, el pecado y sus consecuencias nos rodean. Las penurias son parte de la vida; pueden causar desaliento y hasta desesperación, algunas veces al punto de desilusionarnos por completo del cristianismo. Al encontrarnos con tal dificultad, normalmente consideramos la prueba dura como injusta, increíble e insoportable. Nuestra actitud por lo general es, «No es justo, Dios», cuando debiéramos preguntar, «Dios, ¿cuál es Tu punto de vista?»

Si nuestras vidas estuvieran libres de persecución o de pruebas, si tuviéramos todo lo que queremos y sin problemas, ¿qué sabríamos acerca de nuestro Padre celestial? Nuestra opinión de Él no sería bíblica y lo más probable, estaría desequilibrada. Sin la adversidad, nunca podríamos entender quién es Dios o ni cómo es Su carácter. ¿Cómo puede Dios demostrar Su fidelidad a menos que permita algunas situaciones de las que debe rescatarnos?

¿Quiere usted esa clase de fe que *sólo* se basa en lo que ha oído o leído? La verdad no es *suya* sino hasta que Dios la obra en su vida. La mayoría de nosotros memorizamos estas palabras incluso antes que entendiéramos su significado: «Aunque ande en valle de sombra de muerte, no temeré mal alguno, porque tú estarás conmigo...» (v. 4). Pero el Salmo 23 no se convierte en una realidad viva sino hasta que nos encontramos en el valle.

La adversidad puede ser un desaliento mortal, o la herramienta más grande de Dios para promover el crecimiento espiritual. La respuesta que usted dé puede marcar toda la diferencia. Recuerde que Dios tiene un propósito para las penurias que permite, y éstas encajan con el maravilloso plan que tiene trazado para su vida.

AVANZAMOS A TRAVÉS DE LA ADVERSIDAD

Cuando se trata de la adversidad, ninguno de nosotros es inmune. Todos hemos experimentado el dolor, la presión y la angustia que producen las penurias. Cualquiera que sea la forma que tomen nuestras pruebas, bien sean enfermedades, problemas financieros, animosidad, rechazo, amargura o ira, tenemos la tendencia a considerarlas «reveses» en nuestra vida. Sin embargo, Dios tiene una perspectiva diferente. Él considera la adversidad como un camino, no para obstaculizar a los santos, sino para promover su crecimiento espiritual.

Al enfrentar la tribulación, con frecuencia nos preguntamos de dónde vino. *¿Solamente yo tuve que ver en esto? ¿Viene de Satanás? ¿O viene de Ti, Señor?* En últimas, sin importar la fuente específica, toda adversidad que toca la vida de un creyente debe primero pasar por el filtro de la voluntad permisiva de Dios. Eso no quiere decir que todo lo que se nos presenta en el camino es la voluntad de Dios, pero Dios *permite* todo lo que ocurre porque Él ve cómo encajarán hasta las adversidades en el maravilloso propósito que tiene para su vida.

Según Isaías 55.8 y 9, los pensamientos de Dios son más elevados que los nuestros, así que no podemos esperar entender todo lo que Él está haciendo. Muchas veces, Él toma las experiencias más dolorosas de la adversidad y las usa como preparación para lo que nos espera más adelante. Dios quiere que consideremos nuestras luchas como Él las considera para que no nos desilusionemos. Por lo tanto, mucho más importante que determinar la fuente de nuestra adversidad es aprender a responder apropiadamente.

Considere a José, uno entre muy pocos en la Biblia de quien no se ha escrito nada negativo, cuya vida entera se caracterizó por la adversidad. Es interesante notar que la Biblia dice que Dios prosperaba a José en medio de su aflicción, ¡incluso en una prisión extranjera! Cada prueba era parte del proceso divino de equipar a José para que llegara a ser el salvador de Egipto y también el salvador de su propia familia, la misma que más adelante viajaría allí a fin de evitar morir de hambre.

La Biblia revela una serie de razones por las que el Señor permite las dificultades en nuestra vida. Al comenzar a entender Sus propósitos, podemos aprender a reaccionar de maneras que, más que desalentarnos, nos fortalecerán.

Uno de los propósitos fundamentales de Dios para la adversidad es captar nuestra atención. Él sabe cuando estamos nublados por la ira y la amargura, o cuando estamos decididos a hacer algo a nuestro modo. Puede ser que Él permita la adversidad para derribarnos. Así tendrá nuestra completa atención cuando nos presentamos delante de Dios, despojados de nuestro orgullo y de nuestra independencia.

Saulo de Tarso, a quien más tarde se le conoció como el apóstol Pablo, tuvo que aprender su lección de esta manera. Orgulloso y egoísta, estaba haciendo todo lo posible para librar a este mundo de los cristianos. Luego Dios lo dejó ciego de repente, y mientras yacía sobre su espalda en el camino a Damasco, Saulo preguntó: «...¿Quién eres, Señor?...» (Hechos 9.5). Dios había captado totalmente su atención. En ese momento debió haber parecido como una parada en seco en la labor de su vida, que en realidad fue el comienzo de una extraordinaria carrera de predicación del evangelio.

Otra manera en que Dios usa la adversidad es para recordarnos Su gran amor por nosotros. Permítame preguntarle: Si usted se saliera de la voluntad de Dios para pecar, y Él simplemente lo dejara salirse con la suya, ¿sería ésa una expresión de amor? Por supuesto que no. Él nos ama demasiado para dejarnos pasar con nuestra desobediencia sin consecuencias.

De manera realista, la Biblia está de acuerdo: «En verdad que ninguna disciplina al presente parece ser causa de gozo, sino de tristeza...» (Hebreos 12.11). Todos podemos decir «¡Amén!» a eso. Debemos entender que así como disciplinamos amorosamente a nuestros hijos para protegerlos de desarrollar patrones dañinos de pensamiento y conducta, así nuestro Padre celestial nos capacita por medio de la disciplina para producir un «fruto apacible de justicia».

Hebreos 12.5-6 dice: «...Hijo mío, no menosprecies la disciplina del Señor, ni desmayes cuando eres reprendido por él; porque el Señor al que ama, disciplina, y azota a todo el que recibe por hijo». Así que si está experimentando adversidad, permita que ésta sea un recordatorio del gran amor de Dios por usted.

Una tercera razón por la que Dios envía adversidad es que examinemos nuestra vida. Cuando Dios le permitió a Satanás que lo zarandeara con un aguijón en la carne (2 Corintios 12.7), el apóstol oró tres veces para ser librado de él. En el proceso, Pablo ciertamente debió haber buscado en su propio corazón, preguntándole al Señor: «¿Hay pecado en mi vida? ¿Tengo la actitud correcta?» Cuando nos encontramos con la adversidad, también haríamos bien en preguntar: *¿Estoy dentro de la voluntad de Dios, haciendo lo que quiere que haga?*

Tal vez usted lo haya hecho y haya confesado cualquier pecado conocido, pero la adversidad persiste. Dios no sólo trata los actos de transgresión, sino también con nuestras actitudes pre-programadas desde la juventud. Para muchos creyentes, no es cuestión de no amar al Señor ni de un pecado evidente, sino algo del pasado que puede estar deteniendo su crecimiento espiritual.

A fin de lidiar con aspectos fundamentales tales como la autoestima, las actitudes hacia los demás, e incluso las nociones equivocadas acerca de las capacidades de Dios, el Señor manda adversidad con suficiente intensidad como para causar un examen más profundo de lo usual. Él quiere que cada uno de nosotros se pregunte: *¿Qué temores, frustraciones y sufrimientos de la niñez todavía me afectan o me impulsan? ¿Es una vieja actitud o un viejo rencor lo que me está haciendo sufrir? ¿Provocó cierto comentario sentimientos de rechazo o de desprecio?* Puede ser que un problema que haya permanecido latente por años esté impidiendo su progreso. Reconozca en la adversidad el deseo amoroso de Dios de ayudarle a alcanzar todo su potencial espiritual.

Un cuarto propósito que Dios tiene para la adversidad es enseñarnos a aborrecer el mal tanto como Él lo aborrece. Satanás nos vende su programa de pecado prometiendo placer, libertad y realización, pero no informa sobre los «costos ocultos». La verdad es que «...Todo lo que el hombre sembrare, eso también segará» (Gálatas 6.7).

Las personas que alguna vez estuvieron atrapadas por las drogas, el alcohol o el libertinaje sexual y que ahora se encuentran liberadas por Dios, están dispuestas a hablar de su odio por el pecado. Debido al sufrimiento, la impotencia y la desesperanza que experimentaron, han aprendido a detestar aquello que una vez tanto desearon. David está de acuerdo con eso: «Antes que fuera yo humillado, descarriado andaba» (Salmo 119.67). Si pudiéramos aprender a anticipar las consecuencias presentes y futuras del pecado, nuestras vidas serían muchísimo más santas y saludables.

Si usted es un padre de familia, tiene que ser honesto con sus hijos acerca de los fracasos. No existe el padre o la madre perfectos, y es perjudicial fingir que uno no tiene faltas. Nuestros hijos necesitan entender que Dios permite la adversidad para su protección. Debemos ser francos con respecto a nuestras debilidades y explicar claramente el efecto del pecado, los deseos de Satanás y la solución de Dios. Adviértales y explíqueles cómo usted respondió al pecado en su propia vida, y cómo ellos pueden evitarlo en la suya. Sus hijos serán bendecidos por la honestidad que les demuestre.

Una quinta razón por la que Dios envía la adversidad es para hacernos reevaluar nuestras prioridades. Podemos volvernos adictos al trabajo, agotarnos e ignorar a nuestros hijos hasta que sea demasiado tarde, o podemos entusiasmarnos tanto con las cosas materiales que descuidamos lo espiritual. Entonces, ¿qué sucede? El Señor acabará con lo que sea que trastorne nuestras prioridades.

Dios no inicia juicios familiares, pero cuando nos ve descuidando Sus preciosas dádivas o enfocados en el lugar equivocado, puede enviar un «viento» de adversidad como recordatorio para que verifiquemos nuestras prioridades. Sin embargo, si hacemos caso omiso de la advertencia, tal vez se pronostique un huracán. Entonces, si persistimos en ignorar la tormenta cada vez más intensa, es como si Él retirara Su mano y dejara que la adversidad siguiera su curso de lleno.

Por ejemplo, muchos padres y madres trabajan duro para equilibrar sus profesiones con la labor de crianza de sus hijos. Hay inevitables puntos de conflicto entre ambos, lo cual puede servir como vientos de precaución. Ahora bien, si las prioridades están mal alineadas y avanzar en la escalera corporativa se convierte en la meta exclusiva, puede que se esté aproximando un remolino de adversidad.

Otro propósito importante para la adversidad es poner a prueba nuestras obras. Dios ya sabía el resultado cuando le dijo a Abraham que sacrificara a su hijo. Su propósito no era descubrir cuál sería la respuesta sino mostrarle al patriarca dónde se encontraba en su obediente andar de fe. Cuando Abraham bajó de esa montaña, no sólo supo más acerca de Dios que nunca antes sino que también entendió más acerca de sí mismo en el plano espiritual.

Además, ¡es más que probable que Isaac nunca olvidaría la experiencia! Los niños a menudo recuerdan cosas que no esperamos, cosas muchísimo más profundas que los aspectos externos. Más allá de esa daga puntiaguda, es probable que Isaac recordara que tenía un padre cuya obediencia a Dios no conocía límites.

Cuando Dios manda adversidad para ponernos a prueba, ¿ve nuestra familia que nos doblegamos, o ve que nos mantenemos fuertes en fe, confiando en que el Señor nos enseñará, nos fortalecerá, y sacará lo bueno de la circunstancia? Recuerde que nuestra respuesta acarrea una influencia importante tanto para bien como para mal en las vidas de aquellos a quienes más amamos.

Al enfrentar la adversidad, tenga en mente que su intensidad no sobrepasará la capacidad que usted tenga para soportarlas. Dios *nunca* envía adversidad a su vida para quebrantar su espíritu o para destruirlo. Si usted responde indebidamente, puede destruirse a sí mismo, pero el propósito de Dios siempre es el de bendecir, fortalecer y alentar, así como llevarle a usted a su máximo potencial.

Cada vida es afectada por la adversidad. En vez de huir de ella, pregúntele al Señor: «¿Qué estás tratando de enseñarme?» Aunque está bien decirle que no le gusta y que desearía que la eliminara, permítame retarle a que también le diga a Dios: «Pero no te rindas, Dios, hasta que hayas terminado».

CÓMO ENCONTRAR PAZ VERDADERA EN TODA CIRCUNSTANCIA

Algunas veces las pruebas en nuestra vida no son como tsunamis que amenazan con destruirnos. En vez de ello, caen sobre nosotros como lluvia persistente que no amainará hasta que hayamos tenido suficiente. Cuando estoy soportando una carga laboral de mucha tensión en particular, descubro que son las cosas pequeñas las que sacan a la superficie el peso más pesado que esté llevando. Esto me sucede a menudo los viernes, cuando estoy tratando de terminar el trabajo de la semana y prepararme para dar algún sermón. El día de trabajo comienza fácilmente y luego suena el teléfono. La persona al otro lado de la línea pide información que no tengo en ese momento pero prometo tenerla dentro de la siguiente hora. Cuelgo el teléfono sintiéndome confiado en que esa sola interrupción no cambiará mi perspectiva en cuanto al trabajo.

Unos minutos más tarde, el teléfono vuelve a sonar. Hay una reunión que no debe postergarse, y sólo tomará quince minutos. Voy rápidamente y vuelvo una hora más tarde dándome cuenta que no he cumplido mi promesa a la petición anterior, y estoy en peligro de perder otra fecha límite importante. Comienzo a reestructurar mi día preguntándome cómo cumpliré con todo lo que tengo que hacer. Me apresuro y la presión comienza a intensificarse.

No sé de alguien que no pueda identificarse con este tipo de panorama. Ya sea que usted trabaje en una empresa o que lleve con regularidad a sus hijos de la casa a la escuela y de allí a la práctica de fútbol o a las clases de música y de vuelta a casa, usted conoce el peso de la responsabilidad y el efecto de ello en su actitud. Los empleados en las empresas no son los únicos que tienen que lidiar con el ambiente cambiante de nuestro exigente mundo. Las mamás de tiempo completo saben demasiado bien cómo se siente al enfrentar la intensa presión. He oído a muchos papás decir que con gusto cambiarían de lugar con sus esposas, hasta que se quedaron solos con sus hijos por un fin de semana.

Todos enfrentamos la tensión. La muerte de un ser amado, un accidente de camino a casa desde la tienda de comestibles, o la pérdida de la casa debido a los daños causados por alguna tormenta, pueden dejarnos luchando con sentimientos de desesperanza, duda y confusión. Pero Dios tiene una solución para las tensiones y las presiones que enfrentamos. Él conoce nuestro anhelo de paz y de seguridad, y ha prometido proveernos ambas.

LA NECESIDAD MÁS GRANDE

Antes de Su arresto, Jesús dijo a Sus discípulos: «La paz os dejo, mi paz os doy; yo no os la doy como el mundo la da. No se turbe vuestro corazón, ni tenga miedo» (Juan 14.27). Jesús sabía que los días que seguirían a Su arresto y crucifixión serían muy diferentes a todo lo demás que los discípulos habían experimentado anteriormente. La tensión, el pánico, la incredulidad y la preocupación se arremolinarían en sus mentes. Jesús sabía que la paz de Dios era lo único que estabilizaría los corazones y las mentes de Sus discípulos después que Él hubiera muerto.

En muchas ocasiones, nuestro mundo es caótico. Sin embargo, nada de lo que enfrentamos se encuentra más allá del alcance de Dios. Ningún problema es tan grande que Él no pueda resolverlo. Ninguna tensión es demasiado intensa para Su control. Jesús sabe cómo se siente el estar bajo presión. Mientras estuvo en la tierra, el Señor enfrentó muchas pruebas y triunfó sobre cada una de ellas. Dondequiera que iba, las personas se aglomeraban con manos extendidas para tocarlo con la esperanza de ser sanados. Se aferraban sedientos a cada palabra que Él decía. Lucas escribió: «Aconteció que estando Jesús junto al lago de Genesaret, el gentío se agolpaba sobre él para oír la palabra de Dios. Y vio dos barcas que estaban cerca de la orilla del lago... Y entrando en una de aquellas barcas, la cual era de Simón, le rogó que la apartase de tierra un poco...» (Lucas 5.1-3). Debido a la presión de la gente contra Él, el Señor entró en la barca de Simón Pedro e instruyó a Pedro para que se alejara de la orilla. Jesús se ajustó a la presión para que pudiera seguir siendo efectivo en Su predicación de la Palabra de Dios.

Tal vez tengamos que ajustarnos a las presiones que Dios permite en nuestro camino, pero nunca habrá un momento en que Dios no logre brindar un camino a través de la dificultad. Su paz es un regalo, y está a nuestra disposición en toda circunstancia.

LA PAZ A TRAVÉS DE LA ORACIÓN

Una de las maneras en que Jesús lidiaba con las presiones de la vida era alejándose del ritmo frenético de Su mundo para estar a solas con el

Padre. Él entendía que la comunión con Dios era esencial para mantener Su relación con el Padre. También es esencial para experimentar la paz de manera continua.

Cuando vamos a Dios en oración, expresamos nuestras necesidades y nuestra total dependencia de Él. El salmista escribe: «Echa sobre Jehová tu carga, y él te sustentará...» (Salmo 55.22). La idea de echar o transferir nuestra carga al Señor es que le reconocemos como nuestra suficiencia. Él es nuestro cargador, y Él puede llevar el peso que acompaña a una situación de mucha tensión.

Muchas personas luchan en oración porque sienten culpa por pecados pasados. Piensan que como pecaron contra Dios en el pasado, Él no escuchará sus oraciones. Dios quiere que sepamos que Él está esperando a que vengamos a Él, así como el padre esperó la llegada del hijo pródigo (Lucas 15.20). Cuando vamos a Dios en oración, encontramos que Él nos recibe con amor y perdón incondicionales. Nunca dude en llevarle sus problemas a Dios en oración. Él conoce su necesidad de paz aun antes que usted le pida.

ENCUENTRE UN LUGAR TRANQUILO

Luego de un tiempo particularmente intenso de ministrar a las personas, Jesús dijo a Sus discípulos: «...Venid vosotros aparte a un lugar desierto, y descansad un poco...» (Marcos 6.31). Cuando la tensión comienza a surgir y no hay alivio a la vista, necesitamos seguir el consejo de Jesús y encontrar un lugar tranquilo para estar a solas con Dios en oración. Yo tengo una recámara de oración en el trabajo y en la casa. Si no paso tiempo a solas con el Padre, no hay manera en que pueda seguir haciendo mi trabajo. Mi tiempo tranquilo e íntimo con Él es lo único, por encima de todo lo demás, que me ha mantenido a flote por más de siete décadas en las que he experimentado algunos de los retos más duros de la vida. Si hay algo que le exhorto a hacer, es pasar tiempo a solas con el Señor cada día.

Demasiada tensión en un período de tiempo dado nos debilita física, mental y emocionalmente. Necesitamos descanso incluso después de alguna actividad gratificante. Jesús y los discípulos habían estado haciendo lo que Dios los había llamado a hacer, y de todas maneras necesitaban descanso y renovación.

Tal vez usted no pueda alejarse de las presiones de la vida. En particular, los padres y las personas encargadas de cuidar de otros tienen dificultad para escaparse de las constantes exigencias sobre su tiempo. Pero vale la pena, así le toque levantarse más temprano en la mañana para estar a solas con Dios. Cuando comencé a tener un tiempo tranquilo con Dios a las tres de la mañana, corté mis horas de sueño de ocho a seis pero me di cuenta que tenía más energía que cuando dormía más. El Señor recompensará cualquier esfuerzo por acercarnos más a Él.

Usted puede experimentar la paz de Dios en lo más profundo de su alma dondequiera que se encuentre en la vida. La paz viene cuando usted reconoce su amor por el Señor y le entrega el control sobre su situación. Esto no significa que evitemos la responsabilidad significa que reconocemos nuestra necesidad de Dios. Para hacerlo, usted puede encontrarse con Jesucristo a solas en su espíritu. Vuélvase a Él en oración aun cuando sea por unos cuantos minutos cada mañana. Cuando lo haga, encontrará que marca una diferencia tremenda.

Existen cuatro elementos esenciales para experimentar la paz de Dios:

1. Dependencia total del Señor.

Usted experimentará preocupación y tensión en tanto que se esfuerce y luche por alcanzar las metas con sus propias capacidades. Reconocer a Dios como su fortaleza y refugio traslada el enfoque sobre usted y su capacidad finita hacia Dios y Su capacidad infinita. Déle sus cargas a Dios. Permítale cuidar de usted para que pueda disfrutar de Su paz.

2. Oración.

Hay un dicho que dice así: «Ignore la oración, desconozca la paz. Practique la oración, conozca la paz». La oración y la meditación en la Palabra de Dios son esenciales para experimentar la paz verdadera. Cuando guardamos la Palabra de Dios en nuestro corazón, las tormentas podrán embestir pero no destrozarán nuestra paz. También es en momentos de oración cuando aprendemos a adorar al Señor y alabarle por lo que está haciendo en nuestra vida. Éstas forman una piedra angular para nuestra intimidad con Cristo. Sin ellas, es difícil conocer la profundidad total del amor de Dios.

3. Fe.

La ausencia de fe lleva a la preocupación, que en realidad es la antítesis de la paz. *Shalom* es la dulce paz de Dios que no depende de las circunstancias externas que nos rodean. Sólo depende de Dios. Antes de Su arresto y crucifixión, Jesús recordó a Sus seguidores que tendrían aflicción en el mundo, pero que Él estaría con ellos siempre, incluso hasta el fin del mundo (Juan 16.33). La paz permanente es algo que usted puede experimentar al máximo porque Dios ha prometido que nunca le dejará ni le abandonará (Hebreos 13.5). Incluso en los momentos de fracaso personal, el amor de Dios está dirigido a usted. Todo lo que Él requiere fe como la de un niño.

4. Céntrese en Dios.

La dependencia, la oración y la fe deben tener un objeto. Si sus ojos están puestos en el problema, la preocupación capturará sus emociones. En cambio, si usted está centrado en Dios, puede reposar al saber que Él le dará la sabiduría, la fuerza y especialmente la paz que usted necesita para completar la tarea o para soportar la presión.

Dios tiene algo para que aprendamos por medio de cada prueba. Él nunca desperdicia nuestros sufrimientos sino que usa cada uno de ellos para acercarnos más a Él. En 2 Corintios, el apóstol Pablo escribe: «...Estamos atribulados en todo, mas no angustiados; en apuros, mas no desesperados; perseguidos, mas no desamparados; derribados, pero no destruidos» (vv. 4.8-9). La paz verdadera no viene como resultado de eliminar pesares y decepciones. Viene como resultado de una cosa sola, y es una relación íntima con el Señor Jesucristo. Él es donde termina la preocupación y comienza la paz.

Lectura Bíblica Sugerida

MALAQUÍAS 3.3; SALMOS 22.28; 23; 34.7;
55.22; 103.19-22; 104; 119.67; 135.6-7; JOB 12.23;
DANIEL 4.28-37; ROMANOS 8.28; ISAÍAS 55.8-9;
HECHOS 9.5; HEBREOS 12.5-11; 13.5;
COLOSENSES 12.7; GÁLATAS 6.7; JUAN 14.27;
LUCAS 5.1-3; 15.20; MARCOS 6.31 y
2 CORINTIOS 4.8-9.

Oración

Querido Padre Celestial, gracias por las dificultades
que traes a mi vida. Por favor, enséñame a través de
ellas y muéstrame cómo aceptarlas a medida que
obras en mi vida. Amén.

Diario

- ¿Está Dios refinándole con fuego en algún área de su vida?

_____

_____

- Si es así, enumere las cosas que no le ha entregado.

_____

_____

- Cuando alcance un punto en que perdona (en el que alguien más esté implicado), vaya a la gente adecuada y hábleles acerca de su perdón.

_____

_____

- ¿Requiere el perdón de otra parte? Si es así, vaya a esa persona, admita su falta y pídale perdón.

_____

_____

Aun cuando el mundo parezca voltearse, Dios está al control total.
Aprenda más acerca de su soberanía y su propósito para la
adversidad en *www.institutocharlesstanley.com.*

RECURSO PARA
LOS PRINCIPIOS
DE LA VIDA

PRINCIPIO
8

PELEE SUS BATALLAS DE RODILLAS Y SIEMPRE GANARÁ

Si le preguntara si sabe cómo orar, probablemente me contestaría: «¡Por supuesto que sí! ¡Todos los cristianos saben cómo orar!» Sin embargo, si usted examinara seriamente el historial de sus oraciones contestadas, puede que no esté tan seguro(a).

En Mateo 7.7-11 Jesús enfatiza un principio importante sobre la oración. Él da por cierto que la oración es una actividad deliberada y aprendida para los hijos de Dios, disipando la noción de que la oración simplemente es algo que «les sale natural» a los cristianos. En este pasaje, el Señor muestra a los discípulos de una manera bastante simple los tres pasos básicos para una vida de oración efectiva: Pedir, buscar y llamar.

Desafortunadamente, hay cristianos bien intencionados que pueden perderse fantásticas oportunidades y bendiciones en la vida porque han asumido un papel completamente pasivo en sus vidas de oración. Con demasiada frecuencia, se pasan por alto el buscar y el tocar la puerta, ya que muchos creyentes le piden algo a Dios una o dos veces nada más y luego se sientan y se olvidan completamente del asunto.

Por ejemplo, cuando un estudiante de la secundaria comienza a hacer planes para ir a la universidad, ¿qué pasaría si simplemente se sentara en el sofá y dijera «Señor, por favor muéstrame exactamente dónde quieres que vaya a estudiar»? Ahora bien, esta pareciera ser la mejor manera de comenzar el proceso, pero ¿qué pasaría si el joven nunca se levanta del sofá? En vez de hablar con otros estudiantes, visitar recintos universitarios, ordenar catálogos, revisar sitios en la red de las universidades, y reunirse con consejeros, el muchacho simplemente se sienta a esperar una respuesta de parte del Señor. ¡Lo más probable es que seguiría allí sentado cuando las clases comenzaran el siguiente otoño!

Piense en alguien que verdaderamente desea una comprensión más profunda de la Biblia. Suponga que coloca su Biblia sobre la mesa y ora: «Señor, por favor, abre las verdades de las Escrituras para mí. Anhelo con desesperación entender Tu Palabra». Esa persona puede orar de manera continua, pero la única manera en que obtendrá una comprensión más profunda de la Biblia no es simplemente pidiendo, sino también procurando escudriñar en la Palabra de Dios. ¡Y ni siquiera eso es suficiente! También tendría que esforzarse e insistir en varios pasajes de las Escrituras, lidiando con aquellos textos difíciles a fin de verlos abrirse en su totalidad.

¿Qué sobre los asuntos de la guerra espiritual? ¿Cómo debe orar un cristiano cuando está bajo ataque? ¿Funcionan en esos casos las oraciones rápidas con una o dos frases religiosas? Si espera alguna vez vencer a su enemigo espiritual, y usted sabe que tiene un enemigo muy real, debe comenzar con la oración.

APRENDA A ORAR DE LA MANERA BÍBLICA

Cuando usted ora, ¿tiene la confianza de que Dios responderá, o se siente indigno de Su atención? ¿Son sus oraciones específicas o generales? ¿Es su vida de oración una reacción caprichosa a necesidades y deseos, o el alimento para la vida del Señor Jesucristo que está dentro de usted? Uno de los pasajes más simples pero también más profundos sobre la oración en toda la Biblia se encuentra en el Sermón del Monte: «Pedid y se os dará; buscad, y hallaréis; llamad, y se os abrirá. Porque todo aquel que pide, recibe; y el que busca, halla; y al que llama, se le abrirá. ¿Qué hombre hay de vosotros, que si su hijo le pide pan, le dará una piedra? ¿O si le pide un pescado, le dará una serpiente? Pues si vosotros, siendo malos, sabéis dar buenas dádivas a vuestros hijos, ¿cuánto más vuestro Padre que está en los cielos dará buenas cosas a los que le pidan?» (Mateo 7.7-11).

La oración no sólo pide y recibe, sino también se dan gracias y se adora y alaba al Señor Dios. Hay dos responsabilidades en la oración, la responsabilidad de Dios y nuestra responsabilidad. Usted no puede tener la una sin la otra; la oración es tanto humana como divina. Note la intensidad del Señor en la progresión de este pasaje: «Pedid... buscad... llamad». Claramente, Jesús tenía en mente que hemos de llegar a participar activamente en el proceso de oración. ¡La oración no es un deporte para espectadores!

Cada petición, cada deseo de nuestros corazones y cada necesidad, debe comenzar con oración: Pidiendo permiso a Dios, buscando conocer Su voluntad. Gracias a que Jesucristo ha entrado en nuestra vida y ahora Él se ha *convertido* en nuestra Vida, tenemos el privilegio y la autoridad para acercarnos a Él y hacer peticiones (Efesios 3.11-12; Hebreos 4.16).

Dios siempre está en el proceso de contestar la oración. Este simple mensaje es el propósito fundamental de Mateo 7.7-11. Tal vez alguien pregunte: «¿Significa eso que cualquier persona puede pedir, buscar, llamar y encontrar?» No, porque el Sermón del Monte está dirigido a los seguidores de Cristo. Él está hablando acerca de Sus propios hijos.

Hay un elemento vital en la oración que la mayoría de las personas pasan por alto, que es la perseverancia en la oración. Así veamos que no pasa nada, una demora entre lo que pedimos y lo que recibimos no significa que Dios no conteste nuestras oraciones. En Lucas 18.1-8, Jesús cuenta la parábola de una viuda persistente que exasperó tanto a un juez malo que éste finalmente concedió lo que ella quería. Cristo usó este ejemplo para enseñarle a Sus seguidores cómo debieran orar, sin desanimarse. ¿Por qué Jesús pone tal énfasis en la perseverancia? Porque muy a menudo Él tarda la respuesta a las peticiones de oración, incluso si la petición que usted haga es, de hecho, conforme a la voluntad de Dios. ¿Por qué se demora Dios? Si ve dentro de nosotros actitudes de rebelión, amargura o falta de perdón, o si nota ciertos hábitos no saludables en nuestro estilo de vida, Dios pospone la respuesta a Sus hijos. Puede que ya la haya empacado y la tenga lista para ponerla en nuestro camino, pero no puede hacerlo ni lo hará hasta que estemos en posición espiritual de recibirla.

Una segunda razón para la demora de Dios es que Él está en el proceso de probar nuestra sinceridad para formar en nosotros un espíritu persistente. Si somos realmente serios, no daremos a conocer nuestra petición tan sólo una vez y luego rendirnos si no recibimos respuesta después de algún tiempo. Es por esa razón que Dios dice que oremos, y que sigamos orando, pidiendo, buscando y llamando. Persevere, no se rinda. Resista. Siga aferrado allí, incluso cuando no vea evidencia alguna de que Dios contestará su oración.

En tercer lugar, Dios a menudo demora la respuesta a la oración a fin de formar nuestra fe. Él fortalece nuestra confianza poniéndonos a prueba. ¿Cómo nos prueba Dios? Algunas veces, retirándose. Cuando usted y yo comenzamos a pedir, a buscar y a llamar, algo sucede en nuestro andar con Dios. Cuando le hablamos, estamos desarrollando y alimentando nuestra relación con Él. Estamos llegando a conocerle: Quién es Él y cómo opera. ¿Se da cuenta que tan pronto usted se convierte en uno de Sus hijos, lo que Dios quiere darle por encima de cualquier otra cosa es Él mismo? Él quiere que usted le conozca.

Una cuarta razón de las demoras de Dios es el desarrollo de paciencia dentro de nosotros cuando soportamos en oración hasta que Su tiempo sea el correcto. El tiempo de Dios no siempre encaja con el nuestro. A Él le interesa muchísimo más que le conozcamos, a que obtengamos de Él todo lo que desean nuestros corazones.

¿Diría usted que la oración es una parte vital e integral de su programa diario? No hay manera en que Jesucristo sea parte de mi vida a menos que yo sea un hombre de oración. Dialogo, comparto y me relaciono con Él todo el día. ¡Él es mi vida! Puedo decirle que cada momento que paso con Él es una bendición.

Conozco a incontables cristianos que se han involucrado en tantas actividades que la oración comienza a dejarse a un lado mientras ellos van diligentemente por todos lados sirviendo al Señor en sus propias fuerzas y sabiduría. Una de las razones fundamentales por la que no oramos es que nos hemos atareado con tantas distracciones que no tenemos tiempo para las cosas que verdaderamente importan más. ¿Por qué hacemos esto? Estoy convencido que tiene que ver con negar y evitar. No estamos dispuestos a que Dios tome Su escalpelo, nos abra hasta llegar a lo más íntimo de nuestro ser, y lidie con las cosas que jamás hemos vencido.

¿Sabe usted que una de las vetas de oro más grandes que jamás se han descubierto en los Estados Unidos se encontró a un escaso metro de donde mineros anteriores habían dejado de excavar? A menudo, los cristianos experimentan el mismo problema: La mayor de las bendiciones de Dios se encuentra un poquito más allá de donde nos rendimos, apenas un poco más allá de donde estamos dispuestos a ir.

Si usted le hace una petición a Dios y Él le muestra claramente que no es Su voluntad, es natural que usted deje de orar al respecto. Sin embargo, usted cree que Dios está desarrollando algo en su vida, o si existe una necesidad seria y muy profunda, no deje de orar. Dios quiere responder a esa oración. Puedo pensar en las veces cuando todo dentro de mí quería detenerse, pero yo simplemente seguía orando y clamando a Dios. Efectivamente, de repente y sin advertencia alguna, se levantaba el velo y allí estaba la respuesta, mirándome directamente a la cara. Si hubiese renunciado el día anterior, habría tomado alguna decisión precipitada por mi cuenta y me habría perdido lo que Dios quería proveer.

La Biblia no dice en ninguna parte que la oración sea fácil. Involucra una lucha, y habrá momentos en que Satanás le atacará cuando usted esté de rodillas, acosándolo con la duda y enviándole pensamientos que distraigan su mente. Una de las armas más efectivas de Satanás es que usted sienta que no vale nada delante de Dios. No estoy hablando de humildad verdadera, sino de un sentimiento no saludable de desprecio. Las Escrituras hacen añicos este temor proclamando que usted y yo tenemos libertad en Cristo para acercarnos con denuedo al trono mismo de Dios en oración. Cuando usted vaya al Señor, no sea tímido ni se sienta avergonzado, más bien ¡inclínese ante Él y regocíjese! Exclame: «Señor Jesús, alabo Tu nombre porque eres mi vida. Te agradezco que pueda venir a Ti con confianza porque me has dicho que pida, que busque y que llame. Señor, vengo como Tu hijo, confiado en que estás escuchando lo que digo. Tengo certeza que le darás dirección a mi vida y plena confianza que responderás a mi oración. Te alabo y acepto con anticipación las respuestas a mi oración. Alabado sea Dios. ¡Amén!»

No siempre nos gustan las respuestas que Dios da. Él no prometió darle todo lo que usted pida, en vez de ello, en Mateo 7.11, promete que todo lo que da es bueno para nosotros. Con seguridad usted no quiere que Dios le dé algo que le haría daño o que en últimas destruyera su vida, ¿o sí? Por esa razón, Jesús establece el límite por adelantado y dice que sólo nos dará lo que es bueno.

No se preocupe por pedirle a Dios algo demasiado grande. No puede pedirle a Dios nada tan monumental que Él no pueda hacer si lo considera bueno. Dios recibe la honra con las peticiones grandes, difíciles y hasta imposibles cuando pedimos, buscamos, llamamos y confiamos en que nuestro amoroso Padre siempre responderá para nuestro bien.

Si usted aplica activamente esta simple verdad, Dios transformará su vida de oración, lo cual a su vez transformará sus relaciones, su efectividad, su familia, su negocio y todos los demás aspectos de su vida. El privilegio de la oración es una herencia que le pertenece a cada hijo de Dios, un potencial que va más allá de toda comprensión humana. Es una obra de la gracia de Dios que Él nos ha dado a cada uno de nosotros. Es mi oración que usted no deje que esa herencia se desperdicie en su vida. Permítale a Dios que haga de usted el hombre, la mujer, el o la joven que Él desea que usted sea. Aprenda a relacionarse con Él. Alimente ese ser interior de Cristo en su vida de oración. Haga de su vida diaria de oración una relación continua e íntima de conversación con el Señor Jesucristo.

Tan pronto establezca una vida de oración con Dios, comenzará a aprovechar Su fuerza para pelear sus batallas espirituales. ¡Usted ganará cada vez si pelea sus batallas de rodillas!

UN ENEMIGO REAL

Escuchamos acerca de conflictos y ataques que tienen lugar en todo el mundo, pero a menudo parecen muy distantes. La verdad es que cada uno de nosotros enfrenta una guerra cada día pues batallamos contra el diablo, pero muchas personas no reconocen la obra de Satanás y confunden su ataque con las luchas de la vida diaria.

Un enemigo siempre quiere estar camuflado y cubierto para que pueda desplazarse en las sombras sin ser detectado. A Satanás le encanta que las personas duden de su existencia, pero no se engañe porque él es muy real. Jesús reconoció claramente la realidad del diablo, quien lo tentó en el desierto (Mateo 4.1). Sabemos que Pablo creía en el relato bíblico de la tentación de Satanás en el huerto (Génesis 3) porque en 2 Corintios 11.3 hace referencia a la serpiente que engañó a Eva.

Satanás es un mentiroso. Trata de convencernos que no existe. Quiere que creamos que todas las religiones son lo mismo y que toda la gente llegará al cielo de uno u otro modo. Ésa es la manera en que opera: Todo suena bien, pero es una mentira.

Nuestro enemigo es muy cuidadoso en la manera en que se acerca. Apela primero a nuestra mente. Nosotros no actuamos de inmediato conforme a nuestras tentaciones. La espiral hacia abajo comienza con nuestros pensamientos. Nuestros cuerpos simplemente se vuelven en la dirección que nuestra mente esté contemplando.

2 Corintios 10.5 dice: «Derribando argumentos y toda altivez que se levanta contra el conocimiento de Dios, y llevando cautivo todo pensamiento a la obediencia a Cristo». Deliberadamente, debemos tomar control de nuestro pensamiento porque nuestra mente es el campo de batalla donde Satanás se enfrenta a nosotros. Si hemos de ganar la batalla contra Satanás, debemos poner nuestros pensamientos bajo el control del Señor Jesucristo.

Satanás es un enemigo temible. Tal vez podamos controlar algunos de nuestros pensamientos, pero no podemos resistirlo por nuestra cuenta. Si quedamos abandonados a nuestros propios recursos, pecaremos diciendo: «Está bien. Todo el mundo lo hace. Eso simplemente no se aplica a nuestra cultura, la Biblia está pasada de moda». Tal pensamiento proviene de permitirle entrada al diablo en nuestra mente. Debemos guardar activamente nuestro pensamiento contra su engaño.

La batalla para nuestra salvación se ganó en la Cruz y el diablo sabe que es un enemigo derrotado, destinado al infierno por la eternidad. Como no puede llevarse con él a un solo hijo de Dios, en vez de ello trata de destruir nuestro testimonio. Sin embargo, cuando reconocemos el engaño de Satanás y dependemos de la fortaleza de Jesucristo para resistirle, podemos tener confianza de la victoria.

LA FUERZA PARA PERMANECER DE PIE

¿Alguna vez ha enfrentado circunstancias tan abrumadoras que se preguntó cómo podría sostenerse bajo su peso? Todos tenemos sentimientos de debilidad, y aunque ninguno de nosotros disfruta de esas experiencias, los períodos de impotencia y vulnerabilidad no son necesariamente negativos. Si nuestra debilidad resulta en autocompasión, desesperación o pecado, entonces es dañina, pero si nos lleva a la dependencia de Dios, es beneficiosa. Frecuentemente, el temor y el desaliento son causados por el embate del enemigo, un ataque intencionado y determinado por parte del diablo con el propósito de dañar nuestro espíritu, alma o cuerpo.

Satanás no es omnipotente, pero de todas maneras es un adversario muy poderoso. Sin embargo, Dios no nos deja para que nos las arreglemos solos, y quiere que entendamos la plenitud y la certeza de Su capacidad sobrenatural para ayudarnos. Ésa es la razón por la que Efesios 6.10 nos dice que seamos fuertes en el Señor y en el poder de Su fuerza. Cuando usted confía en Jesús como su Salvador, el Espíritu Santo viene a morar dentro de usted. Esto significa que dentro de usted está viviendo un miembro de la Trinidad que tiene poder sobrenatural, un poder más grande que el de Satanás, el cual le capacita para permanecer firme. El mismo poder divino que creó los cielos y la tierra, que calmó los mares y que resucitó a los muertos está a disposición de cada creyente por medio del Señor Jesucristo y es absolutamente esencial durante los ataques espirituales.

La Biblia nos dice que permanezcamos firmes y resistamos al diablo (Efesios 6.10; Santiago 4.7). No dice «Ármate y ve a pelear contra él», en vista de que la batalla por nuestra salvación ya ha sido ganada en la Cruz. Una vez que usted es un hijo de Dios, está eternamente seguro y Satanás no puede tener su espíritu, su alma ni su vida eterna (Juan 10.29-30). No obstante, su meta es frustrar el plan del Señor para usted, y puede ocasionar una gran cantidad de daño. Está al acecho para robarle su paz y su gozo, para causar confusión e ira, y para alentar las malas relaciones en su vida. Él hará todo lo que pueda para engañarle y robarle las bendiciones que el Señor ha prometido. Cuanto más intente usted vivir una vida más santa delante de Dios, tanto más fuertes serán los ataques. Lo que Satanás quiere dañar es su testimonio; él quiere arruinarlo y hacerlo tan ineficaz como sea posible.

¿Diría usted que la suya es una vida santa y que está andando en obediencia a Dios? Si no es así, puede que usted se haya dejado vencer por algún ataque satánico, que haya creído en la mentira del diablo, y que de algún modo se haya entregado a él. Lo que pudo haber parecido una tentación inocente al comienzo, puede al final ejercer un fuerte dominio sobre usted. Los cristianos han de estar bajo el control de Dios, pero en última instancia, el enemigo le quiere tener a usted bajo su influencia, y hará lo mejor que pueda por destruir todo lo bueno en su vida. Los objetivos de Satanás son muy claros: Alejar a los creyentes de Dios y quitarle al Señor la gloria que sólo Él merece. En tanto que el diablo esté cerca, sufriremos sus ataques, así que la pregunta no es cómo evitar los ataques satánicos sino cómo vencerlos.

Pablo traza el plan de batalla en el sexto capítulo de Efesios. Primero, debemos identificar al enemigo (vv. 11-12); segundo, hemos de vestirnos con toda la armadura de Dios y permanecer firmes (vv. 13-17). El siguiente versículo revela la clave para resistir las arremetidas de Satanás: Debemos apropiarnos de la fortaleza del Dios viviente. ¿Cómo obtenemos Su poder en nuestra vida, para no quedar atados en cada una de las circunstancias en que nos encontremos? Sólo hay una manera: Por medio de la oración (v. 18).

Es a través de la oración que el Señor libera Su energía, Su divino poder y Su protección, habilitándonos para vivir una vida piadosa, santa y pacífica sin importar las circunstancias en que nos encontremos. Es sólo a través de la oración que nuestra mente y espíritu pueden discernir lo que la persona promedio no puede detectar. Sólo a través de la oración podemos percibir las advertencias de los ataques de Satanás que pueden apuntar en cualquier dirección: Las finanzas, la familia, las relaciones o la salud. Lo único que Satanás odia por encima de todo lo demás es al creyente que sabe cómo persistir en oración y reclamar las promesas de Dios. El enemigo no tiene defensa contra la oración perseverante, la cual aplasta su poder y lo hace huir corriendo. Por otro lado, cuando no oramos, nos alistamos para la derrota.

Tenemos este poder a nuestra disposición, y sin embargo, muchas veces no logramos permanecer firmes contra los ataques satánicos. Por cuanto nuestro enemigo conoce el poder de la oración, él usará las distracciones contra nosotros, para que nuestras mentes se centren en todo menos en la oración. Él hará todo lo posible para evitar que pasemos tiempo en comunión con nuestro Padre celestial. Satanás quiere que estemos demasiado ocupados como para poder hablar con Aquél quien todo lo sabe, siempre nos ama y desea defendernos en cualquier situación.

Pablo sabía cuán esencial es reconocer el papel de la oración para protegernos contra el ataque espiritual. Nuestro Padre celestial ve toda la zona de combate en la que usted y yo vivimos a diario. Él sabe dónde nos encontramos en el campo de batalla y conoce la naturaleza de nuestras debilidades. También está al tanto de lo que Satanás trama en nuestra vida: Cada truco astuto, el lugar exacto donde atacará, y las personas a quienes usará en el esfuerzo.

Si usted no ora, si no clama por la dirección y guía divinas, y si no se pone por fe la armadura de Dios cada día, el enemigo va a tener éxito. Además, es probable que le golpee allí donde usted menos lo espera porque ésa es su estrategia de batalla.

No se puede exagerar la importancia de la oración. La comprensión que usted tenga de la Biblia estará en proporción directa con sus oraciones. La santidad y la rectitud de su vida se relacionan directamente con sus oraciones. Cuán fructífero y útil le sea usted al Dios todopoderoso también son proporcionales a su comunicación con el

Padre. Es de importancia crítica que entendamos que la oración no es «Señor, por favor, bendíceme, bendícelo a él, bendícela a ella. Dame esto, dame aquello». Esas oraciones cortas y pequeñas están bien si usted anda «apresurado». Sin embargo, la oración seria es hablarle a su Padre celestial, quien escucha y desea contestar. Es cuestión de humillarse y reconocer no sólo su necesidad sino también la presencia, la santidad y la justicia de Dios. La fuente de nuestra fortaleza es el Dios vivo, y Su poder se canaliza en nuestra vida fundamentalmente cuando le escuchamos y hablamos con Él.

Al entender exactamente lo que hace falta para liberar el formidable poder de Dios, Pablo escribe: «Orando en todo tiempo con toda oración y súplica en el Espíritu...» (Efesios 6.18). Por «toda oración», se refiere a la oración en general, es decir, peticiones, acciones de gracias, alabanza e intercesión, siendo todas ellas importantes. Luego, usa la palabra «súplica», que se refiere a una petición particular y singular. Dios manifiesta Su poder por medio de la oración cuando le pedimos algo específico y hace exactamente lo que le pedimos. En cambio, si solo oramos diciendo «Bendíceme, bendice esto, bendice aquello», ¿cómo podemos saber si Dios ha contestado?

Pablo también habla acerca de orar en todo tiempo. Somos lo más vulnerables a los ataques satánicos cuando no estamos orando. Satanás dispone una secuencia de eventos en su vida y en la mía para derrotarnos. Su meta es que usted esté demasiado ocupado, distraído, o que sea demasiado negligente para orar, porque una vez que usted deja de orar, pronto comenzará a preocuparse, las cargas se harán más pesadas y usted sentirá desaliento y cansancio. Finalmente, usted se sentirá emocional, espiritual y físicamente débil. Luego, cuando baje la guardia, Satanás lo golpeará. ¡Usted simplemente no puede darse el lujo de no orar!

1 Tesalonicenses 5.17 nos da mayor instrucción con tres palabras poderosas: «Orad sin cesar». ¿Cómo podemos orar en todo momento? Significa vivir conscientes de Dios. Piense en términos de un teléfono.

Si usted cuelga, ha desconectado la llamada. «Orar sin cesar» significa que usted no cuelga sino que permanece continuamente en la línea con Dios. Así es como Él quiere que vivamos. Por ejemplo, si me encuentro con alguien por quien he estado orando y algo bueno ha pasado en su vida, diré: «Gracias, Dios, por lo que hiciste por esta persona». Si veo que el mal continúa, diré: «Dios, confío en que corregirás esta situación». La verdad es que debemos poder hablarle al Padre de manera específica todo el tiempo. «Orar siempre» significa vivir en comunión con el Padre, estando constantemente conscientes de Su presencia.

La única manera en que podemos ser lo suficientemente fuertes como para resistir las trampas y las falsificaciones del diablo es teniendo una relación en la que Dios siempre esté hablándole a nuestro corazón y nosotros siempre le estemos contestando. Usted y yo no podemos discernir a menos que estemos orando como debiéramos. Por eso le pregunto, ¿en qué piensa cuando va manejando por la autopista? ¿Por qué no le habla a Dios? Al sentarse en su escritorio, ¿en qué está pensando? Usted puede hablarle al Padre. Háblele acerca de todo. Satanás quiere que uno piense que hay momentos cuando no necesita a Dios, y como detesta que usted esté de rodillas, le mantendrá demasiado ocupado para orar.

¿Es su vida de oración lamentable o poderosa? Nadie más puede ponerse la armadura espiritual por usted. Si quiere lo mejor de Dios en su vida, póngase de rodillas. El poder divino y sobrenatural está a su disposición si usted clama a Dios y lo hace por fe. Sus oraciones liberan el poder de Dios en su vida y hacen posible que usted se mantenga firme contra toda arremetida por parte del diablo.

LA ARMADURA DE DIOS

Los fastidios. Las frustraciones. Los sentimientos de insuficiencia. Los momentos de duda y de temor. ¿De dónde vienen estas emociones?

¿Son voluntarias? ¿O acaso tenemos otra fuerza que obra en contra de nosotros, alguien que, si pudiera, destruiría nuestra paz y le daría evidencia sólida a nuestros temores?

Seríamos negligentes si le diéramos a Satanás el crédito por todo lo que sale mal en nuestras vidas. Ciertamente, lo último que necesitamos hacer como creyentes es enfocar constantemente nuestros ojos espirituales en el enemigo y en sus tácticas. Josué, Josafat, Nehemías, Ester y Daniel tenían una cosa en común: Se negaron a hacer demasiado hincapié en la intervención de Satanás en sus vidas. Cada uno enfrentó situaciones imposibles, pero todos ellos se volvieron a Dios, quien posteriormente trajo liberación.

Si bien tenemos un enemigo real que se propone nuestra destrucción, no estamos indefensos. Tenemos la fuerza que Cristo mismo nos dio para vencer a nuestro adversario. Ésta es nuestra esperanza: Cristo venció el mal más profundo, oscuro y fuerte del que Satanás fue capaz. En Su muerte y resurrección, Cristo quebró el poder del pecado y puso fin a la muerte eterna.

Satanás puede tentarnos al pecado, pero podemos decirle «no» a sus tentaciones (1 Corintios 10.13). No somos títeres que se tambalean en sus manos. Le pertenecemos al Hijo de Dios, somos Suyos y Él es nuestro Salvador eterno. Jesús ganó la victoria y proclama el nombre de todo aquel que cree en Él ante el trono de la gracia de Dios. Nada puede separarnos de Su amor eterno (Romanos 8.38-39).

Por otro lado, el apóstol Pedro nos advierte: «Sed sobrios, y velad; porque vuestro adversario el diablo, como león rugiente, anda alrededor buscando a quien devorar; al cual resistid firmes en la fe...» (1 Pedro 5.8-9).

Quizá usted pregunte: «Si Jesucristo ha ganado la victoria, ¿por qué entonces seguimos en la batalla?» La razón para esto es que vivimos según el cronograma de Dios. Él sabe el momento exacto de la derrota final de Satanás. La victoria presente es nuestra a diario, al aferrarnos a Jesucristo. Sin embargo, debemos reclamar esa victoria y aprender a andar en el Espíritu, así como Cristo anduvo aquí en la tierra.

Una de las razones principales para la venida de Jesús fue para identificarse personalmente con nosotros, nuestras necesidades, nuestros sufrimientos, nuestros gozos e incluso nuestros fracasos. Aunque Cristo nunca sufrió la derrota, Él sabía lo que era estar separado del Padre. En la Cruz, por un breve momento, estuvo separado de Dios al llevar nuestros pecados. Pero la muerte no pudo asirlo. Jesús canceló el pecado de la humanidad con Su sangre expiatoria, y al hacerlo, preparó el escenario para la derrota final de Satanás. Cuando nos damos cuenta que Dios comprende lo que estamos enfrentando y está dispuesto a proveer la fuerza que necesitamos, entonces confiar en Él incluso en los detalles más pequeños se convierte en parte natural de la vida.

Hasta que Cristo vuelva, somos soldados comprometidos en la guerra espiritual, y tenemos la victoria cuando batallamos en el poder y en el nombre del Dios viviente. Las palabras de advertencia de Pedro para nosotros no son una señal para darnos la vuelta y correr, sino para permanecer firmes en nuestra fe, confiando en Dios y negándonos a que las tentaciones y los engaños del enemigo nos desvíen de la meta. Una de las mejores maneras de defendernos y vencer las tretas de Satanás es entendiendo nuestra posición en Cristo. El libro de Romanos es fundamental en este aspecto.

El apóstol Pablo escribe: «Porque todos los que son guiados por el Espíritu de Dios, éstos son hijos de Dios. Pues no habéis recibido el espíritu de esclavitud para estar otra vez en temor, sino que habéis recibido el espíritu de adopción, por el cual clamamos: ¡Abba, Padre! El Espíritu mismo da testimonio a nuestro espíritu, de que somos hijos de Dios. Y si hijos, también herederos; herederos de Dios y coherederos con Cristo...» (Romanos 8.14-17).

Satanás es un enemigo que se debe respetar y entender. En vez de someterse a Dios y a Su omnipotencia, el diablo se rebeló y se llevó con él a un tercio de las huestes celestiales. La victoria de Cristo sobre Satanás es total y completa. Por mucho que lo intente, nunca podrá quitarle a Dios la victoria de Su mano todopoderosa. Si usted está viviendo para el Señor, Jesucristo, Él le dará el poder para hacer la voluntad de Dios y así pueda encontrar bendición y seguridad.

Pablo nos dice cómo ponernos la armadura de Dios cuando batallamos contra nuestros enemigos espirituales: «Por lo demás, hermanos míos, fortaleceos en el Señor, y en el poder de su fuerza. Vestíos de toda la armadura de Dios, para que podáis estar firmes contra las asechanzas del diablo. Porque no tenemos lucha contra sangre y carne, sino contra principados, contra potestades, contra los gobernadores de las tinieblas de este siglo, contra huestes espirituales de maldad en las regiones celestes. Por tanto, tomad toda la armadura de Dios, para que podáis resistir en el día malo, y habiendo acabado todo, estar firmes. Estad, pues, firmes, **ceñidos vuestros lomos con la verdad**, y vestidos con la **coraza de justicia**, y **calzados los pies con el apresto del evangelio de la paz**. Sobre todo, tomad el **escudo de la fe**, con que podáis apagar todos los dardos de fuego del maligno. Y tomad el **yelmo de la salvación**, y la **espada del Espíritu**, que es la palabra de Dios» (Efesios 6.10-17).

Aunque a veces, especialmente en nuestra era presente, parece que estamos en medio de una horrorosa conflagración física, la verdadera guerra que enfrentamos es contra los poderes de las tinieblas espirituales. La meta de Satanás no ha cambiado a lo largo de los años. Si bien el enemigo conoce su destino final, nunca cederá en su intención maligna contra el reino de Dios, hasta que Cristo lo lance al lago de fuego eterno (Apocalipsis 20.10). La única manera en que puede dañar al reino de Dios ahora es tentando a los amados hijos de Dios para que cedan al pecado, dañando así su comunión con el Señor.

Satanás tratará de desalentarle llenando su mente con una serie de dudas y confusión, pero usted no tiene que creerle porque ha recibido el mensaje del evangelio de Cristo como una autoridad segura. La Palabra de Dios le brinda todos los detalles que usted necesita saber acerca de Satanás.

Pablo también nos amonesta a «estar firmes», una expresión que denota fe extrema en Aquel que nos da vida y fortaleza. Pero el enemigo de la fe es el orgullo, un sendero seguro a la derrota espiritual. He visto a muchos en el ministerio que han caído por causa del orgullo y han quedado rezagados por su negativa a humillarse delante de Dios y aceptar Su plan para sus vidas. Ésta es una de las razones por la que es tremendamente importante ponerse toda la armadura que Dios nos ha dado. La armadura nos mantiene conscientes de quién tiene el control de nuestras vidas y quién es nuestro abogado delante del Padre (1 Juan 2.1).

No podemos derrotar o tan siquiera resistir al enemigo por nuestra cuenta. Sólo por medio del poder de Jesucristo tenemos la capacidad de permanecer y afirmar lo que Dios ha hecho a través de Su hijo. La victoria tuvo lugar en el Calvario (Colosenses 2.13-15). Por supuesto, si exigimos que las fuerzas de Satanás se alejen sin usar el nombre de Jesucristo, nos colocamos en posición para ser derrotados en nuestro orgullo. El orgullo también entra en juego cuando pensamos que tenemos el control de nuestras vidas. «Dios resiste a los soberbios, y da gracia a los humildes» (Santiago 4.6*b*).

Desarrolle el hábito de reclamar la armadura de Dios cada mañana antes de salir de su casa. Este es un acto consciente de someter su vida al Señor como su autoridad final. Reconocer su necesidad de Él no es una señal de debilidad, sino de confianza inquebrantable. Cuando usted pone su fe en Jesucristo, el cielo está de su lado.

¿Permanece usted totalmente vestido con Su armadura, o se levanta en las mañanas, toma una taza de café, y sale corriendo por la puerta? ¿Piensa usted en Jesús a lo largo del día, anhelando pasar más tiempo con Él en la noche, tan solo para encontrar que hay otros compromisos que toman Su lugar?

Establezca un tiempo para estar a solas con Dios, y comprométase a mantenerlo. Deje que la vida de Jesucristo sea su ejemplo. Incluso antes de comenzar Su día, el cual era mucho más atareado que el nuestro, Cristo se levantaba para estar a solas con el Padre. Tal vez su tiempo ya esté estirado hasta el límite. Dios sabe lo que usted enfrenta, y le ayudará a encontrar el tiempo para estar con Él si ése es verdaderamente el deseo de su corazón.

Sin importar qué suceda en su vida, la decisión más sabia que jamás tomará es la de pasar tiempo con el Señor con regularidad. Esto le enseña a reconocer cómo se mueve Satanás y le prepara para la batalla cuando el enemigo se aproxima. Pablo dijo a los efesios que estaban en una guerra, pero vestidos con la armadura de Dios la victoria era suya.

Lectura Bíblica Sugerida

MATEO 4.11; 7.7-11; EFESIOS 3.11-12; 6.10-18;
HEBREOS 4.16; LUCAS 18.1-8; 2 CORINTIOS
11.3; 1 CORINTIOS 10.5-13; SANTIAGO 4.7;
JUAN 10.29-30; 1 TESALONISENSES 5.17;
ROMANOS 8.14-17, 38-39; 1 PEDRO 5.8-9;
APOCALIPSIS 20.10; 1 JUAN 2.1; COLOSENSES
2.13-15 y SANTIAGO 4.6.

Oración

Querido Padre Celestial, a medida que comienzo
este día, me coloco en fe el cinturón de la verdad, te
pido que me guíes a través de las decisiones de hoy.
Me pongo un escudo de justicia, guarda mis emociones y mi corazón y permite que sea puro. Me
pongo mis botas espirituales y pido valor para hablar
del evangelio con cualquiera que necesite escuchar.
Me pongo el yelmo de la salvación, pidiéndote que
traigas a mi mente todo lo que has hecho para mí a
través de Tu Hijo, Jesucristo. Finalmente recojo mi
espada del Espíritu y Te pido que traigas a mi mente
la Escritura que he leído, ayudándome a aplicarla a
mi vida. Quiero dar gloria a Tu nombre. Amén.

RECURSO PARA
LOS PRINCIPIOS
DE LA VIDA

Diario

- ¿Qué es la armadura de Dios?

_____

_____

_____

_____

- A medida que comience el día, practique ponerse la armadura de Dios.

- ¿Cuál es su primera respuesta a una situación problemática o tentadora?

_____

_____

_____

_____

- Practique volverse a Dios primero, cuando surja la prueba.

La armadura de Dios es una parte seria y vital de la Escritura, aunque con frecuencia los creyentes la creen segura. Observe profundamente este y otros aspectos de su equipo de guerra espiritual en *www.institutocharlesstanley.com*.

RECURSO PARA
LOS PRINCIPIOS
DE LA VIDA

PRINCIPIO
9

LA BIBLIA ES EL LIBRO CON LA FUENTE DE LA VIDA

En un estudio reciente, el 60% de los estadounidenses dijo que sus creencias religiosas eran muy importantes para ellos y que marcaban la diferencia en cuanto a su manera de vivir. (George Barna, *Disciple Makers* [Discipuladores]).[1] Si el 40% restante del país sólo se guían por lo que les parece correcto a sus propios ojos, ¿nos ha de sorprender acaso que haya tantos cristianos que luchan por entender, y ni hablar de defender, su fe?

Nuestro sistema de fe rige nuestro estilo de vida y nuestras elecciones. Es el fundamento sobre el cual formamos nuestras opiniones y tomamos decisiones. Para los cristianos, es absolutamente esencial saber qué creemos y por qué. La mayoría de las personas heredan sus convicciones de sus padres y simplemente absorben esas ideas sin investigarlas en realidad. Por ejemplo, si el padre de alguien apoyaba al sindicato, entonces esa persona apoyará al sindicato, si la madre de él votó por el partido republicano, entonces los hijos votarán por candidatos republicanos, y así sucesivamente.

Ahora bien, para estar seguros que nuestro sistema de pensamiento es preciso, debemos basarlo en la Palabra de Dios y no en la costumbre, la cultura o la herencia familiar. Un sistema de fe es como un filtro mental a través del cual debe pasar la información que viene de fuera. Si nuestro filtro mental se ha formado sobre la Verdad de la Biblia, podremos detectar las doctrinas y filosofías falsas.

Por lo general, la doctrina falsa está mezclada con la cantidad justa y suficiente de verdad como para garantizar que suene bien. Muchos cristianos que no están cimentados en su fe son fácilmente descarriados por doctrinas que son demasiado buenas para ser verdad. Éstas apoyan con entusiasmo una agenda que no es coherente con la Palabra de Dios porque da licencia para vivir según los deseos carnales de uno (2 Timoteo 4.3).

Otra razón por la que los cristianos deben conocer sus convicciones es para que puedan presentar esas creencias de manera convincente a los demás. Si bien es la obra del Espíritu Santo traer a los perdidos a Cristo, puede ser que Dios elija usarnos para instruir a incrédulos en el camino de la Verdad. Nuestro mundo está lleno de personas que están desesperadas, solas y que sufren. Anhelan la asombrosa esperanza que tenemos, pero desean una esperanza cuya fuente se encuentre en la Verdad, no en la opinión de otra persona.

Es incuestionable que nuestra sociedad está impregnada de ideas y filosofías impías que al final pueden destruirnos. Pero si nuestro sistema de fe se basa en las Escrituras, reconoceremos la enseñanza engañosa en cuanto la escuchemos y trataremos las necesidades reales con respuestas reales.

EL FUNDAMENTO DE LO QUE USTED CREE

A menudo, las personas tienen dificultad para expresar lo que creen. En vez de tener un sistema de fe verificable basado en principios piadosos, demasiados cristianos adoptan unas cuantas nociones vagas.

Pedro nos dice que siempre estemos listos a dar razón de lo que creemos (1 Pedro 3.15). Nos compete estar seguros que entendemos correctamente la verdad bíblica. Consideremos una lista de verdades absolutas que deben ser parte fundamental del sistema de fe suyo.

La Biblia

La Biblia es la revelación que Dios nos da de Sí mismo. Es Su Palabra a la raza humana, explica Su intervención en la historia y en la naturaleza, así como Su llegada a este mundo como el Dios–hombre. Según 2 Timoteo 3.16, nos referimos a la Biblia como la Palabra inspirada de Dios, puesto que ha recibido el «aliento de Dios», lo cual significa que el Señor eligió a personas que registraran lo que les dijo. Ya que Aquel que dio la Palabra es más que capaz de protegerla del error, la Biblia que tenemos hoy es tan confiable como cuando fue registrada originalmente. Cada nuevo descubrimiento de rollos olvidados y fragmentos de las Escrituras afirma la precisión y la confiabilidad de la Biblia. Ella nunca ha sido contradicha.

La Palabra del Dios viviente nos fue dada para que pudiéramos crecer en nuestra relación con Él. Éste es nuestro libro de instrucción para la vida y la autoridad final para lo que creemos.

El Altísimo

Aunque el término específico «Trinidad» no se encuentra en la Biblia, la verdad del Dios Trino y Único aparece en toda la Biblia. Nuestro Dios quien es uno solo consta de tres Personas distintas: Dios el Padre, Dios el Hijo, y Dios el Espíritu Santo. Se caracterizan por los mismos atributos. Son eternos, omnipotentes, omniscientes, omnipresentes, e inmutables, pero cada Persona tiene una función diferente.

Muchos pasajes de las Escrituras revelan a la Divinidad en tres partes. Por ejemplo, el Espíritu de Dios se mueve sobre las aguas en Génesis 1.2 y más tarde, Dios dice «…Hagamos al hombre a nuestra imagen…» (v. 26). ¿Quién podría decir "hagamos" sino la Trinidad?

Ciertamente no se trata de ángeles, porque éstos no son creadores sino criaturas.

Asimismo, Jesús indica que tres Personas comprenden al Altísimo: «...Y yo rogaré al Padre, y os dará otro Consolador, para que esté con vosotros para siempre: el Espíritu de verdad...» (Juan 14.16-17). Más adelante, amonesta a Sus discípulos para que bauticen en el nombre del Padre, del Hijo, y del Espíritu Santo (Mateo 28.19).

Nuestro Padre celestial es el Creador Dios eterno y absolutamente santo. Él tiene el control sobre todas y cada una de las cosas, razón por la cual el apóstol Pablo dice que «...a los que aman a Dios, todas las cosas les ayudan a bien, esto es, a los que conforme a su propósito son llamados» (Romanos 8.28). Él debe estar supervisando y ejecutando las circunstancias, a fin de hacer que éstas resulten para nuestro bien.

Dios el Hijo es Jesucristo, quien asumió forma humana y vivió entre los hombres. Jesús nunca cuestionó Su propia divinidad, en vez de ello, declaró: «...El que me ha visto a mí, ha visto al Padre» (Juan 14.9). Vino a la tierra con el propósito específico de morir en la Cruz. Su muerte fue el pago substitutivo por la deuda de nuestro pecado en su totalidad (1 Pedro 3.18). Dios el Padre no puede contemplar el pecado (Salmo 66.18); en consecuencia, sólo un sacrificio perfecto y santo podía hacer expiación por éste delante de Él. Hoy, Dios el Hijo está sentado a la diestra de Dios el Padre y hace intercesión por nosotros.

Dios el Espíritu Santo mora dentro de cada creyente desde el momento de la salvación. Por medio de Él, tenemos nuestro(s) don(es) espiritual(es) y recibimos el poder para hacer la obra que Dios ha elegido para nuestra vida. Es el Espíritu Santo quien transforma al creyente y produce todo lo bueno en su vida (Gálatas 5.22-23).

SATANÁS

La Biblia nos dice que Dios creó a Satanás y lo hizo un ángel importante (Ezequiel 28.12-15). Es un ser real. El diablo deseó tanto ser como Dios que se rebeló contra el Creador, quien posteriormente lo echó junto a los que conspiraron con él a la tierra. Aquí él ha optado por instalar un trono falso para reinar como el dios de este siglo (2 Corintios 4.4). Satanás usa el engaño y la división para engañar a los creyentes. También desea mantener a los creyentes alejados de la gracia salvadora de Jesucristo, y así destruirlos. Como la fuente de todo pecado, instiga dolor, sufrimiento y muerte espiritual, pero disfraza sus intenciones. Intenta atraer a las personas a su reino falso susurrándoles acerca de la complacencia y de hacer lo que se siente bien en el momento. Satanás sólo habla del presente, no del futuro. Nunca menciona las consecuencias.

Como cristianos, no hay causa para que temamos a Satanás. Esto es verdad por dos razones. En primer lugar: «...Mayor es el que está en vosotros, que el que está en el mundo» (1 Juan 4.4). Estamos bajo la protección del Espíritu Santo, nada nos puede suceder que Dios no permita, y sabemos que Él permite sólo aquellas circunstancias, sin importar cuán negativas parezcan, que Él puede cambiar para nuestro bien. En segundo lugar, todos los que leemos la Biblia hemos visto el obituario de Satanás. Está en Apocalipsis 20 donde se le echa a un lago de fuego, castigado eternamente por su rebelión contra Dios Todopoderoso (v. 10).

El hombre

Dios nos creó a hombres y mujeres a Su imagen, a fin de amarnos y tener comunión con nosotros. También tenemos el privilegio de glorificarle y servirle, pero cuando Adán y Eva desobedecieron a Dios, la relación del hombre con el Creador cambió. Al mismo tiempo, la naturaleza interior del hombre se hizo corrupta de tal modo que cada uno de nosotros nace con una voluntad inclinada en dirección contraria a Dios. En consecuencia, estamos separados de nuestro Padre celestial santo y perfecto. Mas Dios proveyó Su plan redentor para el pecado del hombre: El sacrificio de Su Hijo.

Ningún hombre puede alcanzar el perdón o la aceptación de Dios. Es una mentira de Satanás que cualquiera de nosotros puede sustituir con buenas obras la gracia de Cristo. Cualquiera que sea la «bondad» que tengamos y cualquiera que sea la obra que realicemos, no cuentan para nada más que trapos de inmundicia, en términos de merecer la salvación (Isaías 64.6). Pero la redención obra en nuestra vida para cambiar nuestra naturaleza y volverla a inclinar hacia Dios.

LA SALVACIÓN

La definición más sencilla de la salvación es el regalo de la gracia de Dios, por medio de la cual Él provee perdón para nuestros pecados. A lo largo del Antiguo Testamento, el pueblo fiel de Dios traía sacrificios de animales a Su altar a fin de hacer expiación por sus pecados. Estas ofrendas de sangre prefiguraban el sacrificio que había de ofrecerse una sola vez para siempre. Jesucristo, a quien Juan el Bautista con toda razón llamó el Cordero de Dios, murió en una cruz como nuestro substituto. Es decir, al momento de la muerte del Salvador, Dios el Padre puso todo el pecado de la humanidad sobre Él. Así fue como la deuda por nuestro pecado quedó pagada en su absoluta totalidad. Ahora los creyentes estamos sellados con el Espíritu Santo y vivimos eternamente seguros.

La salvación es por gracia por medio de la fe en Jesucristo no es algo que recibimos con base en nuestro comportamiento (Efesios 2.8-9). Las personas que son salvas hacen buenas obras como una expresión de su naturaleza cambiada. Jesús dijo: «Yo soy el camino, y la verdad, y la vida; nadie viene al Padre, sino por mí» (Juan 14.6). Sin embargo, Dios le dio a la humanidad libre albedrío, y todos tenemos la opción de recibir el regalo de gracia o rechazar a Jesucristo. No importa lo que usted crea que es verdad en cuanto a Dios o cuán bueno trate de ser, si usted rechaza al Hijo de Dios, no hay salvación para usted.

LA IGLESIA

La iglesia es todo el cuerpo de Cristo, los creyentes de cada parte del planeta. No tiene nada que ver ser bautista, metodista, presbiteriano, católico, o parte de cualquier otra denominación. Si usted ha confiado en Jesucristo como su Salvador personal, está en el cuerpo de Cristo y Dios es su Padre celestial. Como seguidores de Jesús, hemos de expresar amor los unos por los otros animando, ayudando y orando por nuestros hermanos y hermanas en la fe. Nuestra conducta debe ir acorde con Aquel a quien llamamos Señor y Amo de nuestra vida.

Nos reunimos en grupos locales para servir al Señor. Claramente, el trabajo de la iglesia es llegar a las personas y traerlas a un conocimiento salvador de Jesucristo. Además, instruimos a los creyentes para que todos puedan crecer en su relación con Dios. Él nos ha mandado «por tanto, id, y haced discípulos a todas las naciones, bautizándolos en el nombre del Padre, y del Hijo, y del Espíritu Santo; enseñándoles que guarden todas las cosas que os he mandado; y he aquí yo estoy con vosotros todos los días, hasta el fin del mundo. Amén».

Dentro de la iglesia practicamos dos ordenanzas bíblicas: El bautismo y la santa cena. El bautismo por inmersión es una ilustración de lo que pasa con cada persona que es salva: Hemos sentenciado a muerte nuestra vieja vida y hemos resucitado para andar en la llenura y el poder del Espíritu Santo. Nuestro carácter, nuestra conversación y nuestra conducta son diferentes porque tenemos un nuevo espíritu. Hemos nacido de nuevo. El bautismo no lo salva a usted; más bien, es una expresión de obediencia al llamado de Jesús a que nos bauticemos en el nombre del Padre, del Hijo, y del Espíritu Santo (Mateo 28.20).

De manera similar, la cena del Señor no es una idea opcional sino una expresión de obediencia. Por medio de la cena del Señor, nos regocijamos en la sangre del nuevo pacto entre Dios y Sus hijos. En vez de un sacrificio de animales, hay un sacrificio perfecto. Cuando recibimos los elementos que representan el cuerpo y la sangre de Jesús, es un momento para celebrar nuestro perdón. Más aún, celebramos Su resurrección y la formidable expectativa de Su regreso.

Cada uno de estos asuntos es parte vital del sistema de la fe cristiana, y todos se encuentran en un solo lugar, la Palabra de Dios. Como Sus hijos, somos dueños del libro más precioso sobre la faz de la tierra. Si sabemos lo que dice, sabremos lo que debemos creer a fin de vivir para Su gloria.

ENCUENTRE LA FRECUENCIA DE DIOS

Las personas usan todo tipo de métodos para tomar decisiones. Demasiados cristianos optan por decir: «Señor, esto es lo que voy a hacer. Si no te parece, tan sólo házmelo saber»; o «Si esto no es Tu voluntad, sólo detenme y sabré que no viene de Ti». Ésa no es manera de descubrir lo que Dios quiere que usted haga en la vida.

Tener discernimiento espiritual para tomar decisiones sabias es de importancia crítica en la vida. El discernimiento es un recurso que no se adquiere de manera instantánea, sino que crece a partir de una vida totalmente consagrada al Señor y que depende de Él. Cuando usted busca el discernimiento piadoso con todo su corazón y sus motivos son puros, Él le ayudará a tomar decisiones sabias. Él conoce su corazón y quiere que usted haga lo correcto.

Al buscar a Dios para recibir la guía perfecta, lo primero que usted debe hacer es confesar sus pecados y permitirle a Dios acceso completo a su mente y voluntad. Cuando su relación con Jesucristo es correcta, Él le dará sabiduría.

Cuando usted desobedece a Dios en palabra, acción o motivo, hay un impedimento en su comunión con el Señor y es difícil recibir una guía clara. Cuando usted peca, necesita confesar su falta de inmediato y aceptar la responsabilidad por sus acciones. No espere hasta la hora de acostarse porque vivirá todo el día sin estar en armonía con Dios.

Si usted confiesa sus pecados, Él es fiel para perdonarle en ese momento y lugar para que el resto del día pueda ir bien.

¿Teme tomar decisiones? ¿Titubea usted entre dos caminos porque no puede determinar qué camino seguir? Algunas veces esto se debe a un problema de imagen de uno mismo. Usted no confía en sí mismo y teme las consecuencias de tomar la decisión equivocada. Otras veces es resultado del pecado que bloquea su comunicación con Dios. ¿Cómo puede usted saber lo que Dios quiere que haga si no tiene la conciencia limpia?

Una conciencia culpable es para la mente lo que la estática es para un radio. Usted escucha dos voces que dicen dos cosas distintas. Cuando usted lucha entre su voluntad y la voluntad de Dios, no recibe un mensaje claro. En vez de ello solo hay sonidos distorsionados y fragmentados. Su mente y su voluntad están divididas y usted no puede saber lo que Dios está diciendo.

Es momento de cambiar el dial hacia la frecuencia de Dios y sintonizar el mensaje que tiene para su vida. Cuando lo haga, Él le dará el discernimiento y la sabiduría necesarios para una vida piadosa.

ÉSTE ES EL CAMINO, SÍGALO

¿Alguna vez ha tenido que tomar alguna decisión en su vida y no tenía la más mínima idea de cómo hacer para llegar a la conclusión correcta? En lo más profundo de su corazón usted quería hacer la voluntad del Señor, pero no estaba del todo seguro qué debía hacer. Tal vez sintió una profunda necesidad de conocer la mente de Dios. Realmente quería conocer lo que Él pensaba. Usted se había propuesto en su espíritu hacer lo correcto, pero simplemente no sabía cómo descubrir lo que el Señor deseaba en esa situación en particular.

Creo que una de las lecciones más valiosas que usted aprenderá como cristiano, es cómo adquirir discernimiento espiritual. 1 Juan 5.14-15 dice: «...Y si sabemos que él nos oye en cualquiera cosa que pidamos, sabemos que tenemos las peticiones que le hayamos hecho». Ésta es una garantía positiva de que usted puede conocer la mente de Dios.

La vida está compuesta de una decisión tras otra. Algunas de éstas son decisiones menores y otras son de gran envergadura, pero todas requieren de discernimiento piadoso. Tal vez esté enfrentando una decisión en cuanto a su vocación. Tal vez sienta que se viene un cambio o que es necesario hacerlo. O puede ser que sienta la presión de la recesión económica reflejada en la inseguridad laboral. Quizá le esté preguntando a Dios qué es lo que debe hacer. De pronto está tratando de tomar una decisión en cuanto a un posible cónyuge. No está seguro(a) si es la voluntad de Dios que usted se case o no. Tal vez usted sea un estudiante y está tratando de elegir una asignatura principal para su carrera universitaria y simplemente no parece poder recibir la dirección clara de Dios al respecto.

Cualquiera que sea la decisión que está enfrentando, una cosa es cierta: Dios siempre está dispuesto a mostrarle Su voluntad, Su plan y Su propósito. Él siempre desea darle guía y dirección en las decisiones que usted toma. Dios le dijo a Abraham: «…Vete de tu tierra y de tu parentela, y de la casa de tu padre, a la tierra que te mostraré» (Génesis 12.1). Le habló a Gedeón y le dijo que guiará al pueblo de Dios contra aquellos que lo habían esclavizado. Envió un ángel a María para anunciarle del Cristo niño. Cuando Pablo iba en cierta dirección para predicar el evangelio, el Espíritu Santo le dijo: «Pablo, ésa no es Mi voluntad para tu vida en este momento» (Hechos 16.6-7).

¿Ha dejado de hablar el Señor a hombres y mujeres hoy día, como lo hacía en tiempos bíblicos? ¡Absolutamente no! Dios ha hablado de muchas maneras, y están registradas en el Antiguo y Nuevo Testamentos, y sigue hablando a las personas en la actualidad. Puede ser que Su método para hablar haya cambiado, pero el hecho de que habla y que nos da dirección para nuestra vida no ha cambiado.

La Palabra de Dios es Su clara instrucción en cuanto a cómo debe usted vivir, la base firme sobre la que uno debe tomar decisiones. Dios le ha dado las Escrituras para su guía e instrucción. También le ha dado el Espíritu Santo, quien mora en usted, para interpretar la Palabra de modo que a partir de la Palabra y por medio de Su Espíritu, usted pueda tener seguridad.

Todo discernimiento espiritual auténtico y verdadero proviene del Espíritu Santo. Es posible que venga a través de otra persona o de la lectura de la Biblia, pero es el Espíritu Santo quien hace posible que usted oiga el mensaje cuando Dios lo da. He aquí algunos pasos prácticos que le ayudarán a escuchar al Espíritu Santo y adquirir el discernimiento espiritual necesario para tomar decisiones sabias:

LIMPIE LOS SENDEROS DE SU MENTE

A fin de escuchar la voz de Dios con claridad, usted debe limpiar su vida de todo pecado conocido no confesado. Debe disponerse a pedirle al Señor que le perdone y que limpie su vida, así como aceptar Su sangre derramada en la Cruz como pago total y suficiente por su pecado. También debe limpiar su pensamiento de todo deseo personal. Esto no significa que usted vacíe su mente y deje de pensar o de tener deseos, pero sí debe estar dispuesto(a) a ser neutral, para que con toda honestidad usted pueda abrirse a la voluntad de Dios para su vida.

EJERCITE LA PACIENCIA

Una clave para adquirir discernimiento espiritual es la paciencia. Usted debe estar dispuesto a esperar hasta que Dios le muestre Su camino. La paciencia es una señal segura de madurez espiritual. Santiago 1.4 dice: «Mas tenga la paciencia su obra completa, para que seáis perfectos y cabales, sin que os falte cosa alguna».

RESISTA LA PRESIÓN

La presión es uno de los mayores enemigos que usted enfrenta cuando busca discernir la voluntad de Dios. Existen dos tipos de presión: La externa, que es por ejemplo la presión de las opiniones de otras personas o de los límites de tiempo impuestos, y la interna, que es la presión de su propio espíritu. Cuando toma una decisión basada en la presión que percibe, en vez de la guía y dirección claras de Dios, usted corre el riesgo de hacer lo incorrecto.

PERSISTA EN ORACIÓN

La clave en esta área no es simplemente orar, sino persistir en oración. Esto es, a lo largo del día, en la mañana, en la tarde y en la noche, ore constantemente y con vehemencia (1 Tesalonicenses 5.17). La oración es la manera en que Dios le prepara para una respuesta. Cuando usted ora, Él comienza a mostrarle cosas en su vida, por ejemplo actitudes o motivos que necesitan examinarse.

APÓYESE EN SUS PROMESAS

Cuando enfrente una decisión de gran envergadura en su vida, vuélvase a la Palabra de Dios y pídale que le muestre una promesa. Las Escrituras están llenas de las promesas de Dios, las cuales son evidencia de Su guía divina. El Salmo 32.8 dice: «Te haré entender, y te enseñaré el camino en que debes andar; sobre ti fijaré mis ojos». El autor de Proverbios 3.5-6 enseña a los creyentes: «Fíate de Jehová de todo tu corazón, y no te apoyes en tu propia prudencia. Reconócelo en todos tus caminos, y él enderezará tus veredas». Éstas son promesas específicas que Dios verdaderamente desea darle para que guíe y encamine su vida.

ESPERE LA PAZ

Colosenses 3.15 nos manda: «Y la paz de Dios gobierne en vuestros corazones». Sin importar la presión que usted pueda sentir, espere la paz. Puede que usted busque confirmación de parte de los demás, pero tenga cuidado de que la confirmación de ellos esté en armonía con lo que Dios ha dicho en Su Palabra. La paz perfecta es el veredicto de Dios cuando usted tiene Su mente y está dentro de Su camino. No se mueva sino hasta que reciba la paz de Dios. Ésta es la confirmación final de una decisión sabia.

El discernimiento espiritual es de importancia crítica en cada área de la vida, sin importar cuán pequeña sea, porque cada decisión tiene un efecto sobre su comunión con el Señor y el cumplimiento de Su voluntad. Si usted no adquiere discernimiento espiritual en la vida, comenzará a responder a partir de sus sentimientos y reacciones instantáneas. Hará lo que le salga naturalmente, y cuando un cristiano hace esto, deja de hacer lo que sale espiritualmente porque a la carne siempre le es natural desobedecer a Dios.

Ésa es la razón por la que es de importancia crítica discernir la voluntad de Dios en *todo* lo que usted haga. Si pudiera echarle un vistazo al auténtico interés y participación personal de Dios en su vida, usted sentiría un aprecio, una devoción y un sentido de adoración más profundos hacia Él. ¿Alguna vez ha pensado en cuán interesado está Dios en los asuntos de su vida diaria? ¿En aquellas cositas insignificantes que parecen no tener importancia alguna para la mayoría de las personas?

A menudo, los cristianos separan su vida espiritual de su vida común y cotidiana. Dios nunca quiso que ésa fuera su manera de ver la vida. Él quiere participar en cada decisión que usted toma, sin importar cuán pequeña sea o parezca ser.

Si usted quiere tomar decisiones sabias, debe vivir consagrado y debe andar comprometido a Él. Cada mañana, entréguele su vida. Apártese para Él y póngase bajo Su protección para ese día. Pablo dice: «Así que, hermanos, os ruego por las misericordias de Dios, que presentéis vuestros cuerpos en sacrificio, vivo, santo, agradable a Dios, que es vuestro culto racional. No os conforméis a este siglo, sino transformaos por medio de la renovación de vuestro entendimiento, para que comprobéis cuál sea la buena voluntad de Dios, agradable y perfecta» (Romanos 12.1-2).

Cada creyente puede caminar con plena confianza y seguridad de que anda dentro de la voluntad de Dios. Si usted limpia su conciencia, espera pacientemente, resiste la presión, persiste en oración, se apoya en Sus promesas y espera Su paz, Él le hablará palabras de verdad a su corazón y su mente. Isaías 30.21 dice: «Entonces tus oídos oirán a tus espaldas palabra que diga: Este es el camino, andad por él; y no echéis a la mano derecha, ni tampoco torzáis a la mano izquierda».

Éste es un bello ejemplo de cómo el Señor habla a nuestros corazones. Día a día en mi propia vida tengo que decir «Señor, ¿qué viene ahora?», y tengo que escucharle decir: «Éste es el camino, ve por él». Escucho eso muchas veces durante el día. El Señor le dirá lo mismo a usted. No siempre se puede confiar en el consejo de los demás para que le digan a uno cuál es el camino correcto. Si está comprometido con Jesucristo, si Él es su Salvador, su Maestro, su Señor, y es el deseo de su corazón seguirle, encontrará en su vida espiritual una confianza que nunca antes ha conocido. Si usted escucha con cuidado, Él le susurrará muy suavemente: «Hijo(a) mío(a), éste es el camino. Ve por él».

CAMINE CON SABIDURÍA

Desde la perspectiva de Dios, vivimos nuestras vidas de una de dos maneras: Sabia o insensata. Para aquellos que aprenden a caminar con sabiduría en el poder de la verdad de Dios, existe bendición y esperanza para el futuro. Claro, lo opuesto es verdad cuando se toman decisiones insensatas. Por lo tanto, necesitamos saber cómo hacer elecciones sabias. David aprendió a hacerlo poniendo su confianza en Dios. También encontró que muchas veces para caminar con sabiduría se requería de paciencia y disposición de su parte para esperar la guía de Dios.

En los Salmos, David escribe: «La ley de Jehová es perfecta, que convierte el alma; el testimonio de Jehová es fiel, que hace sabio al sencillo» (Salmo 19.7). David podría haberse rebelado contra las leyes de Dios. Aun cuando fue el rey ungido de Israel, esperó años antes de ascender al trono de Israel.

Tal vez usted se haya preguntado: «¿Qué se trae Dios entre manos para mi vida»; «¿Por qué hay tantos sufrimientos y dificultades?»

«¿Acaso Dios no podría intervenir y cambiar las circunstancias que me rodean?» Dios puede cambiar cualquier cosa que tenga efecto en nuestras vidas. Sin embargo, un cambio de circunstancias no es lo que necesitamos en muchos casos. Lo que necesitamos es verdadera sabiduría para enfrentar el sufrimiento y las dificultades de nuestro mundo. También necesitamos hacer un compromiso para mantener el curso cuando la vida se hace difícil. Esto requiere de sabiduría piadosa. Demasiadas personas se rinden cuando la marcha se pone difícil. Buscan un camino más fácil y más rápido a través de las dificultades de la vida, pero Dios quiere que aprendamos a buscarle y nos apoyemos en Su sabiduría cuando vienen los problemas.

¿Se requiere de sabiduría sólo en los momentos de dificultad? No. Si no logramos adquirir la sabiduría de Dios para nuestras vidas, entonces hasta en los momentos de bendición nos dispersaremos espiritualmente en nuestra devoción a Él. Una de las metas que necesitamos fijarnos es permanecer comprometidos a Dios sin importar las circunstancias.

He hablado con personas que luchan con las repercusiones de sus malas decisiones. Muchos, con ojos suplicantes, han preguntado: «¿Qué puedo hacer para cambiar todo esto?» «¿Cómo puedo volver a comenzar después de haber caído en la tentación?» «¿Hay alguna esperanza para mi vida?» ¡La respuesta es sí! Hay esperanza y hay una manera de volver a comenzar nuestras vidas. La manera en que volvemos a comenzar con nuestra devoción a Dios es a través de la oración. Es allí donde podemos tener la mayor vulnerabilidad y la mayor apertura, ante la presencia de Dios. La oración también brinda la oportunidad correcta para que adquiramos la sabiduría de Dios en cada situación que enfrentamos. Si acudimos a Dios, Él dirigirá nuestros pasos. Habrá momentos en que cometamos errores. Sin embargo, podemos adquirir gran sabiduría a través de nuestros errores, especialmente cuando le pedimos a Dios que nos muestre dónde dimos el paso en falso.

Al estudiar la vida de David, encontramos de inmediato que fue trazada por un profundo amor y afecto hacia Dios. David también tenía una fuerte vida de oración. Meditaba en el amor de Dios y no dudaba en buscar la sabiduría de Dios en cualquier situación. Si bien parece que David pasó gran parte de su juventud huyendo de un rey celoso que lo buscaba para matarlo, también sabemos que Dios permitió este período de intensa adversidad a fin de prepararlo para gobernar sobre la nación de Israel. La paciencia y la fe se convirtieron en sinónimos en su vida.

Tal vez nos preguntemos en ciertas ocasiones: «Señor, ¿por qué tengo que enfrentar semejante sufrimiento o prueba?» Recuerde, Dios está cerca de nosotros. Él brinda la sabiduría que necesitamos cuando el dolor y el temor acosan nuestros corazones. Si nos volvemos a Dios en fe y clamamos a Él, nos dará la capacidad para tomar decisiones sabias.

¿Sigue Dios hablándonos hoy? Sin duda alguna. Él habla a quienes le conocen en una de estas tres maneras: A través de la lectura de Su Palabra, a través de un pastor o de algún amigo cristiano de confianza, o mediante la presencia del Espíritu Santo quien vive dentro de cada creyente. La fe es el elemento crucial para adquirir la sabiduría de Dios. Si usted enfrenta una decisión o reto difícil, Dios le brindará la sabiduría que necesita para tomar la decisión correcta. Santiago escribe: «Y si alguno de vosotros tiene falta de sabiduría, pídala a Dios, el cual da a todos abundantemente y sin reproche, y le será dada. Pero pida con fe, no dudando nada; porque el que duda es semejante a la onda del mar, que es arrastrada por el viento y echada de una parte a otra» (Santiago 1.5-6).

En un momento dado, David pudo haberle quitado la vida a Saúl. David enfrentó una decisión seria, pero debido a que se había tomado el tiempo necesario para conocer a Dios y meditar en Su Palabra, supo cuál era la elección correcta a hacer. Se negó a hacerle daño a Saúl, quien era el ungido de Dios. Aun cuando Saúl merecía lo contrario,

David le permitió vivir, y Dios bendijo la vida de David abundantemente porque no había actuado con motivos egoístas.

Más tarde, Dios dijo de David que era un hombre conforme a Su propio corazón. La vida de David no estaba libre de errores. Siempre que no ejercía la sabiduría, sufría dolorosas consecuencias. Sin embargo, desde una perspectiva general, la vida de David fue una vida de sabiduría y deseo por agradar a Dios.

El autor de Proverbios nos recuerda: «Sabiduría ante todo; adquiere sabiduría; y sobre todas tus posesiones adquiere inteligencia» (Proverbios 4.7). ¿Cómo adquirimos la sabiduría de Dios para nuestras vidas?

• Adquirimos sabiduría cuando buscamos a Dios. Si David llegaba a un punto en que no sabía qué hacer, él «consultaba al Señor». Aquí es donde entra en acción nuestra fe. Debemos creer, tal y como Santiago nos instruye, que si acudimos a Dios incluso para el detalle más pequeño, Él escuchará nuestra oración y la contestará. Esto es exactamente lo que hace. Nos dará una de tres respuestas: Sí, no, o espera. Si percibimos Su silencio, entonces debemos esperar hasta que nos haga avanzar. **Dios nunca contradice Su palabra. La Biblia brinda una solución para cada problema o decisión que enfrentamos.**

• Adquirimos sabiduría cuando aprendemos a meditar en la Palabra de Dios. Si realmente queremos recibir una bendición, debemos llevar nuestras peticiones a Dios por medio de la oración y luego buscar Su guía a través de Su Palabra. Las Escrituras se aplican a todos los estilos de vida de hoy. No están pasadas de moda. Por lo tanto, podemos confiar en que la Palabra de Dios nos brindará la guía que necesitamos.

• Adquirimos sabiduría cuando aprendemos a obedecer los principios de las Escrituras. Antes que David pudiera gobernar como rey, tuvo que aprender a obedecer a Dios. También tuvo que aprender a seguir el camino que Dios había puesto delante de él. Esto significa que tuvo que someter sus deseos humanos a Dios. Algunos de los deseos que David tuvo estuvieron en armonía con el plan de Dios para su vida, pero el deseo de David de someter todo lo que él era a Dios dijo muchísimo acerca de su amor por el Señor.

¿Ama usted al Señor tanto que está dispuesto a hacer lo que David hizo y entregarle todo lo que tiene para que Dios pueda vivir Su vida a través de usted?

• Adquirimos sabiduría como resultado de la oración. En los momentos de oración, aprendemos a humillar nuestros corazones delante de Dios. También aprendemos a estar en silencio y escuchar la voz de Dios a través del Espíritu Santo quien vive dentro de cada creyente. Puede ser que la Palabra de Dios para nosotros venga a nuestras mentes en la forma de un pasaje bíblico. Cuando lo hace, nuestros espíritus escuchan la Palabra de Dios e inmediatamente responden con alegría y acción de gracias.

• Adquirimos sabiduría observando cómo Dios obra en nuestro mundo. A veces, la manera en que el mundo funciona parece estar fuera de control. Sin embargo, Dios es soberano. Él siempre tiene el control. Aunque nuestras vidas puedan verse afectadas por la muerte, el pecado y el dolor, Dios es el Señor sobre todos y Él sacará un propósito de cada evento. Dios usa hasta la tecnología de este tiempo para extender Su obra de salvación en el mundo.

• Adquirimos sabiduría a través del consejo sabio. Hable de sus problemas con algún amigo cristiano de confianza, con algún consejero o pastor. Después que ellos le hayan dado su punto de vista o consejo, lleve esto a Dios en oración. Si lo que le han dicho viene de Dios, no irá en contra de las Escrituras ni ningún otro principio de la Palabra de Dios.

• Adquirimos sabiduría cuando nos relacionamos con personas sabias. La mayoría de la gente sabe cuando ha escuchado verdadera sabiduría. Sin embargo, debemos pedirle a Dios que nos ayude a evitar el engaño. Hay personas que tal vez quieran hablarnos una «palabra de sabiduría», y es posible que lo que tengan que decirnos vaya de acuerdo o no con el plan de Dios para nuestras vidas.

Usted puede evitar la decepción y los sentimientos de desánimo cuando le pide a Dios que pase por Su infinito tamiz de sabiduría lo que estas personas le digan. Nunca tenga temor de decir: «Gracias por orar por mí, y sé que entenderás cuando te diga que planeo buscar a Dios en cuanto a este asunto». Luego vaya a la Palabra de Dios en busca de verificación.

La razón por la que buscamos sabiduría es para agradar a Dios y adquirir Su perspectiva en nuestras vidas y en nuestras situaciones personales. Los requisitos para la sabiduría son:

• *Tenga una fuerte determinación a caminar con sabiduría.* Nuestra motivación para la sabiduría debe comenzar y terminar con nuestro amor por Dios. Queremos complacerle. Por lo tanto, le buscamos, y cuando aprendemos el camino de la sabiduría, encontramos que estamos siendo conformados a la semejanza de Su Hijo.

• *Medite en la Palabra de Dios.* Dios instruyó a Josué a que meditara en Su Palabra día y noche. David nos dice que guardemos la palabra de Dios en nuestros corazones (Salmo 119). Corrie ten Boom aprendió el valor de esto durante la Segunda Guerra Mundial. Pudo pasar de contrabando algunas páginas de la Palabra de Dios a su celda en la cárcel nazi. Más tarde escribió: «Nunca antes había orado como ahora, ni le hablaba a Aquel que de verdad me entendía, me conocía y me amaba. Sobre Él eché todas mis cargas».

• *Aprenda a ser sensible al llamado del Espíritu Santo.* Lo asombroso de buscar la sabiduría de Dios es que podemos aprender a escuchar Su voz. Cuando el profeta Elías perdió su perspectiva, Dios le habló. La voz del Señor no le llegó a Su profeta por medio de un terremoto o de una tormenta, sino en forma de una voz apacible y delicada. Cuando estamos tranquilos en nuestros pensamientos y emociones, Dios hablará a nuestros corazones de la manera en que le habló a Elías. Él nos manda: «Estad quietos, y conoced que yo soy Dios» (Salmo 46.10).

• *Crea que Dios es la fuente de sabiduría.* La fe y la confianza son necesarias para adquirir la sabiduría de Dios. El razonamiento humano le fallará. Sólo la sabiduría de Dios lo guiará a salvo a través de la vida.

• *Tenga el valor de obedecer a Dios.* La obediencia revela nuestro verdadero deseo de sabiduría. Si buscamos obedecer a Dios, entonces estamos en el camino hacia la verdadera sabiduría. Si desobedecemos al Señor, debemos lidiar con nuestras acciones buscando Su perdón. Habrá momentos cuando Dios requerirá que avancemos sin conocer todo lo que hay más adelante. La única manera de hacer esto es por medio de la fe y sabiendo que Él nos está guiando. Las bendiciones llegan a aquellos que obedecen a Dios. Por lo tanto, debemos ser valerosos y avanzar por fe confiando en que Dios hará nuestro camino seguro.

• *Perseverancia.* Cuando usted pueda decir, «Sé que estoy haciendo lo correcto. Por lo tanto, voy a mantener mi enfoque y seguir adelante», entonces está aprendiendo perseverancia. La sabiduría de Dios vendrá a usted.

UN CIMIENTO FUERTE Y RESISTENTE

Usted puede echar un cimiento fuerte para su vida pidiéndole a Dios que venga a usted, y si nunca antes ha aceptado a Su Hijo como su Salvador, pídale que entre en su corazón y que perdone sus pecados. Debe darse cuenta que el momento en que usted lo hace se convierte en un hijo de Dios, una nueva criatura en Cristo que ya no vivirá lejos de Dios. Usted le pertenece y Su recompensa y bendición eterna son suyas para que las disfrute y las experimente a partir de ahora y para siempre.

Si usted se ha desviado en su devoción al Salvador y siente como que cada día que vive se aleja más en su relación con Dios, entonces ore para que Él le acerque a Sí. Él conoce sus debilidades y si usted le dice que ya no quiere estar a cargo de su vida, Él vendrá a usted de una manera poderosa y traerá esperanza y luz a su situación sombría y sin esperanza (Isaías 55.6-9).

Lectura Bíblica Sugerida

2 TIMOTEO 3.16; 4.3; 1 PEDRO 3.15; JUAN 14.6-17;
1 JUAN 5.14-15; MATEO 28.19-20; ROMANOS
8.28; 12.1-2; 1 PEDRO 3.18; SALMOS 19.7;
32.8; 46.10; 66.18; 119.11; GÁLATAS 5.22-23;
EZEQUIEL 28.12-15; 2 CORINTIOS 4.4; 1 JUAN
4.4; EFESIOS 2.8-9; GÉNESIS 12.1; HECHOS
16.6-7; SANTIAGO 1.4-6; 1 TESALONISENSES
5.17; PROVERBIOS 3.5-6; 4.7; COLOSENSES 3.15
e ISAÍAS 30.21; 55.6-9.

Oración

Querido Padre Celestial, gracias por Tu Palabra que
es lámpara a mis pies y lumbrera a mi camino. Por
favor, dame hambre de leerla con más fidelidad y
una mente para entenderla con más claridad. Por
favor, muéstrame cómo aplicar Tus principios a mi
vida. Amén.

RECURSO PARA
LOS PRINCIPIOS
DE LA VIDA

Diario

- ¿Qué es la Biblia?

_____

_____

_____

- ¿Qué es la Deidad?

_____

_____

_____

- ¿Qué es la salvación?

_____

_____

_____

- ¿Qué es la iglesia?

_____

_____

_____

- ¿Qué pasos puede dar para ganar sabiduría en la vida?

_____

_____

_____

La Biblia es más que una serie de reglas y regulaciones;
es la Palabra viva de Dios. Descubra cómo manipular la Biblia
y las razones para confiar en ella visitando
www.institutocharlesstanley.com.

RECURSO PARA
LOS PRINCIPIOS
DE LA VIDA

Conclusión

Viva su legado

Cuando su vida aquí en la tierra haya terminado, ¿cómo quiere que lo recuerden? ¿Qué quiere que la gente diga acerca de usted? ¿Qué diferencia habrá marcado el que usted haya vivido alguna vez? ¿Y qué dejará tras sí que tenga valor perdurable?

La Biblia dice mucho acerca de la muerte. El apóstol Pablo escribió: «Porque la paga del pecado es muerte, mas la dádiva de Dios es vida eterna en Cristo Jesús Señor nuestro» (Romanos 6.23). Cuando Marta lamentó la muerte de su hermano Lázaro, Jesús dijo: «Tu hermano resucitará... Yo soy la resurrección y la vida; el que cree en mí, aunque esté muerto, vivirá. Y todo aquel que vive y cree en mí, no morirá eternamente» (Juan 11.23-25). Luego, en 1 Corintios 15, Pablo dedica 46 versículos al tema de la vida después de la muerte, la promesa de nuestra resurrección. A lo largo de todas las Escrituras, vemos que para aquellos que creen en Cristo, la muerte no es el fin de la vida. Nuestra existencia física termina aquí en la tierra, pero nuestra vida continúa con Cristo en el cielo.

No hay nada en la Biblia acerca de la reencarnación, ni hay nada en las Escrituras acerca de la aniquilación de la materia. No regresamos a la tierra como seres más iluminados ni dejamos de existir luego de nuestra muerte. Moraremos ya sea en el cielo con Dios o en el infierno con Satanás, pero la vida que dejemos atrás en la tierra tampoco se extinguirá del todo. Todos nosotros, querámoslo o no, dejamos un legado a nuestro paso.

Ya he cubierto los temas de rendirse a Cristo y la seguridad eterna, y espero que si usted todavía no ha recibido a Jesucristo como su Salvador personal, considerará seriamente hacerlo. Si ha tomado esa decisión, mi oración es que cada día se acerque y asemeje más a Él. Al terminar este libro, quiero hablar acerca de lo que dejamos aquí en la tierra cuando partimos.

¿Qué clase de legado dejará tras sí cuando muera? ¿Cuál será el mensaje de su vida? Piense en esto por un momento. Usted está vivo(a) porque Dios le dio el regalo de la vida. Le dio un cuerpo, un alma y un espíritu. Le ha equipado con las capacidades y los talentos que necesita para cumplir con el propósito que Él tiene para su vida. Dios tiene una voluntad muy específica para su vida.

El problema es que muchas personas ni siquiera comienzan a hacerse la pregunta: «¿Cuál es la voluntad personal de Dios para mi vida?» Las Escrituras nos dicen claramente que Dios tiene en mente un propósito para Sus hijos, el cual tiene dos aspectos: Primero, que participemos en buenas obras, y segundo, que le demos honor y gloria a Dios. Pablo dijo: «Porque por gracia sois salvos por medio de la fe; y esto no de vosotros, pues es don de Dios; no por obras, para que nadie se gloríe. Porque somos hechura suya, creados en Cristo Jesús para buenas obras, las cuales Dios preparó de antemano para que anduviésemos en ellas» (Efesios 2.8-10).

Uno de los propósitos de Dios para nosotros es que nuestra vida se caracterice por buenas obras. Pablo le dijo a Timoteo: «Que hagan bien, que sean ricos en buenas obras, dadivosos, generosos; atesorando para sí buen fundamento para lo por venir, que echen mano de la vida eterna» (1 Timoteo 6.18-19). Llevamos a cabo las intenciones de Dios invirtiendo nuestra vida en aquellas cosas que le traen honor y gloria a Él. Jesús dijo: «Así alumbre vuestra luz delante de los hombres, para que vean vuestras buenas obras, y glorifiquen a vuestro Padre que está en los cielos» (Mateo 5.16).

Desafortunadamente, a la gente le preocupa más cuánto tiempo van a vivir más que *cómo* viven. Piensan que tener un legado perdurable significa vivir una larga vida. Pero las Escrituras nos enseñan que Dios está más interesado en lo que hacemos con la vida que Él nos ha dado. El nombre de Oswald Chambers me viene a la mente cuando pienso en la longevidad contra la efectividad. Probablemente usted haya oído de este hombre que escribió *My Utmost for His Highest* [En pos de lo supremo], un libro devocional que ha sido y todavía es un éxito de librería de todos los tiempos. Oswald Chambers fue un hombre cuya vida estuvo enteramente dedicada a Dios. Algunos dicen que fue uno de los pensadores cristianos más grandes de nuestro tiempo. Nació el 24 de julio de 1874, en Aberdeen, Escocia, donde se convirtió al cristianismo durante su adolescencia bajo el ministerio de Charles Spurgeon. Su muerte, como resultado de una peritonitis en 1917, dejó un tremendo vacío en las iglesias y en las congregaciones donde servía.

Luego de su muerte, un compañero en la obra hizo la siguiente observación: «Es algo portentoso ver así sea una vez en la vida a un hombre, en quien la expresión personal de su ser es la redención de Jesucristo que se manifiesta en cada hora de la vida diaria. Él simplemente se llamaba a sí mismo un "creyente en Jesús"». Aunque sólo vivió 42 años, la obra de Oswald Chambers sigue viviendo hoy de manera aún más poderosa que durante su vida. Sus escritos ofrecen refugio y fuerza a muchas almas abatidas. A través de sus palabras, Dios sigue cambiando vidas por el amor de Cristo.

Leí el devocional de Oswald Chambers por primera vez cuando era un estudiante universitario, y lo que más me impresionó entonces (y todavía resuena hoy en mi corazón) es que lo más importante en la vida, de lejos, es nuestra relación personal con Jesucristo. Cada vez que leo su devocional recibo bendición. Murió hace casi cien años, pero sigue vivo hoy.

NUESTRA VIDA DESPUÉS DE LA MUERTE

Cuando las personas consideran la vida después de la muerte, mayormente piensan en qué les va a pasar cuando lleguen al cielo. Quienes no creen en Cristo debieran considerar qué será de ellos si no van al cielo, pero quiero centrarme en esa parte de nuestras vidas que permanece aquí luego de nuestra partida.

He conocido a personas que, a pesar de haber vivido vidas muy cortas, han dejado tras sí una influencia poderosa, penetrante y transformadora en los demás. Usted y yo sabemos que Jesucristo vive hoy a través de aquéllos que le han recibido como su Salvador personal. Un «creyente» es simplemente una persona por medio de la cual Jesucristo sigue viviendo Su vida. Nuestras vidas son una expresión de quien Él es. Lo que realmente importa es la vida que usted y yo estamos viviendo en este momento.

Tal vez usted piense, *Dios no podría usarme de ese modo*. Claro que sí. Con demasiada frecuencia minimizamos quiénes somos y el potencial que Dios ha depositado en nosotros. Estoy convencido que lo hacemos porque no queremos la responsabilidad de vivir una vida piadosa. No queremos rendir cuenta de nuestras acciones, así que nos escondemos tras una supuesta falta de talento o de habilidades. Pero Dios tiene un propósito y un plan para cada uno de Sus hijos, y Su intención es que los cumplamos. Su intención es que dejemos un legado que afectará a los demás mucho tiempo después que nos hayamos ido.

Dios ha hecho inversiones eternas en cada una de nuestras vidas. En primer lugar, nos dio el formidable regalo de la vida misma. Luego nos dio la redención por medio de Su Hijo Jesucristo, para que pudiéramos vivir abundantemente. Hizo posible que entendiéramos nuestra condición pecaminosa y a través del asombroso regalo de la fe, hizo posible que aceptáramos Su perdón y que el Espíritu Santo viniera a morar dentro de nosotros para que pudiéramos realizar buenas obras a través de Su poder y darle gloria a Su nombre.

Si usted habla con su planificador financiero, él le dirá que su «legado» es la riqueza material, las posesiones o las propiedades que usted deje a quienes le sobrevivan. En tal caso, las cosas materiales son todo lo que dejamos tras nosotros cuando morimos, y aquellos que no tienen dinero no dejan nada, mientras que los ricos dejan el mejor legado, ¿Correcto? Falso. Su verdadero legado es su vida, su influencia y su testimonio. Esto es lo que sus seres amados valorarán más, y también es lo que más le importa a Dios.

Quizá piense que comparado con Oswald Chambers, usted no tiene un gran testimonio. Esto también es falso. Todos tenemos un testimonio, seamos buenos o malos, fuertes o débiles, ricos o pobres. Usted está formando un legado en este momento, durante cada día de su vida. Al morir, usted dejará un testimonio ya sea para bien o para mal.

¿Qué está dejando? ¿Qué quiere que la gente recuerde de usted cuando se haya ido? A modo de ilustración, considere lo que dejaron diversas personas en la Biblia. Cuando pienso en Abraham, recuerdo su gran fe y ese sigue siendo el mensaje de la vida de Abraham. Cuando pienso en Moisés, recuerdo los Diez Mandamientos que Dios le dio. Al pensar en David, los Salmos vienen a mi mente puesto que siguen bendiciéndome año tras año. David se fue hace siglos, pero sus palabras de consuelo y de aliento perduran. Luego pienso en Salomón, y mi mente inmediatamente va a los Proverbios, esta impresionante colección de literatura de inspiración divina que ofrece sabiduría eterna a quienes la leen con provecho. ¿Y qué decir del apóstol Pablo? Fue acosado por obstáculos terribles y sufrió grandemente, pero nos dejó cartas y epístolas que dan esperanza, guía y aliento a millones. He leído las obras de Pablo casi cada día de mi vida, y recibo una bendición continua cuando leo las epístolas a los Efesios, a los Colosenses, a los Filipenses, y sus cartas a Timoteo. Considere ahora el legado del Señor Jesucristo. En los cortos 33 años de su vida, alteró la historia para siempre. Por medio de Él, podemos vivir vidas extraordinarias a pesar de nuestra condición caída.

Piense en las personas que han dejado una marca indeleble en la historia. Los hombres que fundaron los Estados Unidos, que establecieron nuestra república y nos dieron la Constitución. Ellos dejaron un legado formidable para los millones que, como resultado de ello, viven en libertad. Piense en los autores de los himnos, quienes nos dieron ungidas palabras y melodías de adoración. Fanny Crosby, una de los autores de himnos más prolíficos de todos los tiempos, quedó ciega por culpa de un doctor que hizo un mal diagnostico de su enfermedad. Ahora, a más de un siglo de su muerte, las personas siguen cantando: «Bendita seguridad, Jesús es mío, oh, qué anticipo de gloria divina». Ése es su legado.

Y la lista continúa. Grandes personas están viviendo su legado aun en nuestra generación. Pienso en el Dr. Bill Bright, quien nos ha dejado la Cruzada Estudiantil, el movimiento de discipulado misionero más grande de la historia. Este ministerio trascendental discipula a creyentes en todo el mundo. El Dr. Bright era un hombre tranquilo y sencillo, pero siguió el mandamiento de Cristo: «Id por todo el mundo y predicad el evangelio a toda criatura». Él entregó su vida al cumplimiento de la Gran Comisión, y su obediencia cambió muchas vidas.

He mencionado a las grandes personas de quienes más hemos oído, ¿y qué de las personas «comunes y corrientes»? Hay una mujer a quien la mayoría de las personas rara vez reconocen, pero ella es un perfecto ejemplo de lo que estoy hablando. Cuando Pablo estaba escribiendo su segunda epístola para animar a Timoteo durante una prueba, le dijo al joven ministro: «Trayendo a la memoria la fe no fingida que hay en ti, la cual habitó primero en tu abuela Loida, y en tu madre Eunice, y estoy seguro que en ti también» (2 Timoteo 1.5). La profunda fe de Loida se transmitió a través de Eunice hasta Timoteo. La fe de ella se convirtió en una parte viva del ministerio de Timoteo.

El impacto que los padres y los abuelos tienen en las vidas de sus hijos es verdaderamente increíble. Muy pocas personas han oído alguna vez de George Washington Stanley, pero mi abuelo me dejó unas cuantas verdades simples que continúan viviendo hoy en mi propia vida. Una de esas verdades es ésta: Obedece a Dios y déjale todas las consecuencias a Él. Recuerdo vívidamente el día en que me senté en el porche de la entrada y le pregunté cómo tener éxito en la vida. Me describió la obediencia de este modo: «Si Dios te dice que atravieses un muro con la cabeza, levántate y empieza a correr, y cuando llegues al muro, Él proveerá un agujero». La gran sabiduría de mi abuelo en lo concerniente a la obediencia es la base sobre la que tomo mis decisiones hoy. Él me dejó un legado por el que siempre estaré agradecido. La sabiduría que me dejó es mucho más importante que cualquier herencia financiera, pues me ha guardado y ha guiado mi vida.

Y luego, está el legado que mi madre me dejó. Ella no tuvo una vida fácil. La vi soportar constantes penurias y pruebas. Presencié su persistencia y su perseverancia. Ella siempre me decía: «Nunca te rindas. Haz lo mejor que puedas, sé lo mejor que puedas, y ten el mejor aspecto que puedas. Sé lo que Dios quiere que seas». Su perspectiva y tenacidad están inculcadas en mi corazón y mi mente. Ella me dejó algo que es muchísimo más valioso que cualquier otra cosa que el dinero pueda comprar: Me dejó un ejemplo. Aprendí muchísimo más de mi madre observando su vida que escuchando lo que decía.

Usted tiene un legado y lo está viviendo en este momento. La pregunta es: ¿Qué es lo que quiere dejar? No soy un gran político ni un autor de himnos, pero Dios me ha dado un propósito muy específico en la vida. Y también le ha dado un propósito a usted. Él nos ha dado a todos buenas obras que hacer para el reino de Dios. ¿Para qué está viviendo usted? ¿Para realizar buenas obras porque ama a Dios y quiere que su vida tenga valor eterno? Es momento de tomar esta pregunta con seriedad y hacer que su vida cuente. Una de las cosas más horribles en las que puedo pensar es llegar al final de la vida y mirar atrás con arrepentimiento y preguntarme, *¿Qué he hecho que marcara alguna diferencia?*

¿En qué marca su vida la diferencia? ¿Cuáles son sus metas? Dios le creó para el propósito que Él quiere alcanzar a través de su vida. Considere las siguientes preguntas:

¿Les dejará a sus hijos amor por la Palabra de Dios? Si tiene hijos o nietos, es muy probable que haya pensado en lo que va a dejarles. ¿Podrán ellos mirar atrás y decir: «Recuerdo a mi mamá y a mi papá leyendo las Escrituras. Los oía leyendo la Palabra de Dios. Oía a mis padres hablar acerca de cómo Dios les hablaba por medio de un versículo. Observaba cuando ellos respondían a la Palabra de Dios. Los oía hablar acerca de las decisiones que tomaban con base en la guía que recibían de las Escrituras»? ¿Amarán la Palabra de Dios y confiarán en ella? Cuando vayan a la escuela y escuchen a un profesor criticar la Biblia, ¿podrán mantenerse firmes y defender la Palabra infalible e inequívoca del Dios vivo? Si no les transmite una fe incondicional en la Palabra de Dios, los deja vulnerables a las filosofías huecas de nuestra era.

¿Heredarán sus hijos el legado de padres que oran? ¿Cuántas veces su hijo o hija le ha visto a usted de rodillas clamando a Dios durante dificultades y penurias? ¿Está tratando de dejarles a sus hijos el cuadro inolvidable de haberse puesto de rodillas mientras hablaba con su Padre celestial?

Recuerdo cuando me di cuenta de cuán importante es esta imagen para los niños. Estaba pastoreando mi primera iglesia en Carolina del Norte. Mi hijo Andy tenía como dos años de edad, pero podía comunicarse bien. Recuerdo que me echaba sobre una alfombra en particular donde oraba, y estaba totalmente tendido sobre el piso hablando con Dios. Me volví y abrí mis ojos y vi al pequeño Andy tendido a mi lado, y mirándome directamente a los ojos me dijo: «¿Qué estás haciendo?» Fue un lindo incidente, pero pienso en las muchas ocasiones que él y yo nos tendimos juntos en los años que siguieron para hablar con Dios. Él nunca lo olvidó, y yo tampoco.

Su vida de oración visible y audible se convierte en un cuadro indeleble que Dios graba en las mentes de sus hijos. Así de importante es la oración. ¿Alguna vez ha dicho a sus hijos, «Realmente necesitamos orar y pedirle a Dios que nos dé dirección en cuanto a esto»? ¿Pueden ellos recordar que usted hablara acerca de cómo Dios contestó sus oraciones? Algo maravilloso en las familias que comen juntas es que la hora de la comida se convierte en una oportunidad para deliberar acerca de cómo Dios contestó sus oraciones ese día. Deje que sus hijos hablen acerca de cómo Él contestó sus oraciones en la escuela y de cómo Él satisface sus necesidades. Agradézcale a Dios por preocuparse lo suficiente como para escuchar y participar personalmente en las vidas de ustedes.

¿Recordarán sus hijos cuando usted los llevaba a la iglesia? ¿Recordarán que usted adquirió el hábito de adorar al Dios vivo semana tras semana? ¿Que no estaba yendo a la iglesia porque se sintiera forzado u obligado, sino debido a su profundo amor por el Señor Jesucristo? ¿Le escuchan cantar himnos al estar junto a ellos? ¿Le ven abrir su Biblia cuando el pastor abre la suya? ¿Le ven tomando notas durante el sermón porque lo que usted está escuchando es lo suficientemente importante como para recordarlo? ¿Recordarán cómo usted les preguntaba qué había dicho el pastor en el sermón?

¿Han aprendido sus hijos a usar su tiempo y su dinero? Otro regalo que podemos dejarles a nuestros hijos es el ejemplo de cómo usamos los recursos de tiempo y dinero. ¿Cuánto tiempo en una semana dada le dedica usted a la obra del Señor, a fin de darle gloria y honor? Su tiempo no le pertenece a usted, le pertenece a Dios. El regalo de la vida misma es tiempo: Segundos, minutos, semanas y años. Dios nos ha dado este precioso recurso y al llamarnos al hogar celestial nos pedirá cuenta de él. No estoy diciendo que todos deban entrar en la carrera del ministerio profesional, pero servir a Dios debe ser la primera prioridad de su vida.

¿Qué decir acerca de sus finanzas? ¿Dedica al menos una parte de su dinero a invertir en cosas que durarán por la eternidad? ¿Recordarán sus hijos que usted devolvía el primer 10% de sus ganancias a Dios aun cuando no parecía que usted pudiera darse el lujo de hacerlo? Una de las mejores maneras de enseñarles a sus hijos a confiar es dando a la obra de Dios y permitiéndoles presenciar directamente cómo Él multiplica su inversión. Cuando ellos ven que usted le da a Dios y espera a ver qué hará Él con su diezmo, heredan una convicción acerca de Su provisión para sus vidas.

Por otro lado, muchos padres no se dan cuenta qué terrible legado dejan cuando no dan a la obra del Señor. Están mandando un mensaje fuerte y claro: No podemos confiar en que Dios proveerá para nuestras necesidades físicas. Nuestros hijos prestarán mayor atención a nuestras acciones que a las mojigaterías que digamos. Podríamos decirles que es importante hacer del Señor nuestra primera prioridad en la vida, pero si nunca nos ven orar, leer nuestra Biblia, pasar tiempo con Él ni dar para Su obra, entonces no tendrán razones para seguir nuestro consejo.

¿Qué está dejándoles a sus hijos? Si sólo es dinero, ¡olvídelo! Eso no durará para la eternidad. Lo que usted plante en los corazones de sus hijos, aquellas verdades espirituales que usted siembre en sus vidas, es el verdadero legado que dejará.

EL LEGADO DE SU TESTIMONIO

Uno de los aspectos más importantes de su legado es su testimonio cristiano. Si usted toma en serio la Gran Comisión y comparte el evangelio con los demás e invierte en la obra misionera, ese legado se multiplicará en innumerables personas mucho tiempo después que usted se haya ido. ¿Le escuchan sus hijos hablar acerca de compartir el evangelio? Imagine que un niño o una niña se armara de suficiente valor para darle testimonio a alguien en la escuela y que luego viniera a casa emocionado por la oportunidad, pero resulta que papá cambió de tema. Esto es un desastre. Al hacerlo, el padre embota el espíritu mismo del niño que está tratando de hacer lo que Dios desea. Madres y padres, sus hijos necesitan de su apoyo y ejemplo para tener un comportamiento piadoso. Alentarlos espiritualmente es una parte importante de su legado.

El panorama que acabo de mencionar es demasiado común. Conozco a muchos jóvenes que desean seguir a Dios, pero deben hacerlo contra los deseos de sus padres. Muchos jóvenes van a la universidad y se preparan para una carrera como ingenieros, abogados o doctores. Luego Dios los llama a predicar o a convertirse en misioneros, y tienen la temible tarea de ir a casa y decirlo a sus padres. Demasiados de ellos reciben culpa y condenación de parte de sus padres por elegir el camino que ofrece menos estabilidad comercial. Cuando Dios toma a sus hijos, ¡usted debiera sentirse motivado e inspirado! Su reacción y actitud ante las inquietudes espirituales de sus hijos forman una parte importante del legado que usted deja.

De forma similar, la manera en que usted reaccione ante la dificultad en tiempos de persecución, sufrimiento y dolor es parte de lo que usted le deja a la siguiente generación. Sus hijos recordarán su patrón de respuesta en tiempos difíciles. ¿Se niega a rendirse y alejarse? ¿Rechaza la oportunidad de tomar una píldora o un trago? ¿Se abstiene de quejarse? Cuando le vean poner su confianza en el Dios vivo, ellos harán lo mismo.

Tenga en mente que sus hijos no son los únicos «beneficiarios» de su legado. ¿Cuántos de sus amigos han oído acerca de Jesús? ¿Cuántos de sus compañeros de trabajo le han oído hablar acerca de Cristo? ¿Cuántos vecinos le escuchan expresar lo que usted cree acerca de la Palabra de Dios y cómo Él ha respondido sus oraciones de las maneras más impresionantes? ¿O acaso está usted avergonzado del evangelio?

Muchas veces una persona que está cerca de usted espera que alguien le diga alguna palabra de aliento. ¿Cuántas oportunidades pierde usted? Ya sea que lo sepa o no, usted está dejando un legado que o bien será fuerte, penetrante, motivador y transformador, o débil e inútil.

Ahora imagine que tiene 85 años de edad, y que mira atrás examinando su vida. Dios ha contestado sus oraciones, ha satisfecho sus necesidades y ha obrado en su vida, pero usted nunca compartió sus historias con nadie. No hay registro de lo que Él hizo porque usted nunca lo anotó. El único testimonio que tiene de todas las cosas maravillosas que Dios hizo por usted son unos cuantos recuerdos que se desvanecen.

Una vez le dije a mi hijo, Andy: «He escondido mis diarios porque no quiero que nadie los lea ahora». Me dijo: «Papá, no te preocupes por eso. ¡Tu letra es tan mala que nadie podría leerlos aunque los vieran!» Ese divertido comentario hizo que comenzara a redactar mis diarios en una computadora.

Piense en esto, si nunca ha registrado la intervención de Dios en su vida, está privando a sus hijos y nietos de un tesoro invaluable. Imagínelos con un libro lleno de historias verídicas acerca de cómo Dios proveyó para usted, los principios que Él le enseñó y las oraciones que Él contestó. Usted no puede darse el lujo de absorber bendición tras bendición y simplemente ignorar a los beneficiarios de la gracia de Dios en su vida.

Mi abuelo me dejó un legado de maravillosos principios y ejemplos piadosos, pero le doy mucho valor a tener un relato diario o incluso semanal de su relación con Jesucristo y de cómo Dios obró en su vida.

En un reciente evento en el que firmaría mis libros, conocí a una joven que me impresionó bastante. Se arrodilló junto a la mesa y me contó que su padre había fallecido hacía dos meses, y ella había ido al hogar de ancianos donde había vivido en la costa oeste para hacerse cargo de sus asuntos. Al revisar sus cosas, encontró una gran caja que estaba llena de cintas de audio y de video. Su curiosidad la venció y ella decidió escuchar uno. Luego escuchó otro, y otro. Al volverse, se llevó algunos de vuelta a casa para distribuirlos entre amigos. Sucede que ella no conoció muy bien a su padre mientras vivió, pero al escuchar los sermones que él coleccionaba, descubrió lo que él atesoraba en la vida. Se arrodilló allí junto a mí sollozando en acción de gracias porque finalmente supo cómo era su padre en realidad.

Usted está dejando un legado, quiéralo o no. La pregunta es, ¿qué clase de legado será? Mucho tiempo después que hayamos muerto, el ejemplo de quiénes somos seguirá viviendo. ¿Será su ejemplo para bien o para mal? Saddam Hussein se jactaba de que José Stalin era su mentor. Eso no debería sorprender a nadie, pues son dos de las personas más malvadas que jamás hayan vivido. El legado de José Stalin fue el asesinato de millones y su «beneficiario» lo emuló bien. Ése es un ejemplo extremo, pero ilustra una verdad importante. Las personas le observan cuando usted ni siquiera sabe que están mirando y lo que aprenden de usted es su legado para ellos.

Permita que su legado sea un reflejo de generosidad, desinterés, compasión y amor. Considere las maneras en que Dios está obrando en su vida hoy. ¿Cómo seguirá Él obrando por medio de su ejemplo y sus dones cuando usted ya no esté aquí? Le animo a actuar deliberadamente, no sólo en cuanto a su impacto aquí y ahora, sino en relación con su influencia por Jesucristo a lo largo de toda la eternidad.

Lectura Bíblica Sugerida

ROMANOS 6.23; JUAN 11.23–25; 1 CORINTIOS 15; EFESIOS 2.8–10; 1 TIMOTEO 6.18–19; 2 TIMOTEO 1.5.

Oración

Querido Padre Celestial, te agradezco por el legado invalorable y transformador de vida que Jesucristo dejó para que lo heredara. Te pido que me permitas dejar su legado a mis hijos y seres queridos y compartirlo con la gente que conozco aquí en la tierra. En el nombre de Cristo oro. Amén.

RECURSO PARA
LOS PRINCIPIOS
DE LA VIDA

Diario

- ¿Qué es la Gran Comisión?

_____

_____

_____

_____

- ¿Qué legado le dejaron sus padres y sus abuelos?

_____

_____

_____

_____

- ¿Cuál es su legado?

_____

_____

_____

_____

Dios ha llamado a su iglesia a la tarea de hacer discípulos.
Aprenda cómo Él está logrando esta misión en
www.institutocharlesstanley.com.

RECURSO PARA
LOS PRINCIPIOS
DE LA VIDA

.

EPÍLOGO

En Mateo 6.33 Jesús dice: «Mas buscad primeramente el reino de Dios y su justicia, y todas estas cosas os serán añadidas». Hay una promesa increíble en este pasaje de las Escrituras. «*Todas* estas cosas os serán añadidas». O Jesús hablaba en serio, o no estaba diciendo la verdad. Sabemos que Dios no puede mentir. Por lo tanto, Su promesa es real y está a disposición de todo aquel que le ame lo suficiente como para vivir por Sus caminos.

Podemos pensar en el Reino en términos de los principios de nuestro Creador. Si vivimos por los principios que Dios ha establecido, Él asumirá toda la responsabilidad por nuestras vidas y nos dará todo lo que necesitamos para vivir una vida extraordinaria. El problema es que las personas a menudo se convencen a sí mismas que hay algún gran misterio para descubrir el secreto de la realización en la vida. Ya que su vanidad los distrae fácilmente, persiguen las cosas materiales y el éxito mundano y nunca son felices. Debido a que no quieren vivir según la Palabra de Dios, pues piensan que haciéndolo de alguna manera restringen su estilo de vida, descartan la fuente misma de la verdadera felicidad.

En su libro *Tramp for the Lord* [Errante por el Señor], Corrie Ten Boom cuenta de la ocasión en que visitó un hospital donde se trataban pacientes de polio. El doctor a cargo le preguntó si le gustaría hablar a los pacientes, pero ver el sufrimiento de los enfermos fue demasiado para ella. «No» respondió, «creo que soy incapaz de hablar. Tan sólo quiero salir a algún lugar y llorar».

Pero un momento después, ella cambió de opinión. De pie junto a la cama de un hombre que apenas si podía respirar, le contó acerca de Jesucristo, quien sufrió por cada uno de nosotros. Corrie escribe: «Terminé de hablar y saqué de mi bolso una pequeña pieza de bordado. Al derecho se veía una bella corona. Al revés, las puntadas estaban bastante entremezcladas. "Cuando lo veo a usted en esta cama", le dije, "sin hablar, sin moverse, pienso en este bordado. Su vida es así. Vea lo sombría que es. Vea cómo los hilos están anudados y enredados, entremezclados y truncados. Pero cuando le damos vuelta entonces podemos ver que Dios en realidad está bordando una corona para su vida. Dios tiene un plan para su vida y está desarrollándola en belleza". Él tomó un lápiz y escribió: *Gracias a Dios ya estoy viendo el lado bello*. ¡Qué milagro!»

Muchas personas hoy son como ese paciente enfermo. Así no estén tendidos en la cama de algún hospital, sus corazones están enfermos de desaliento, temor y duda. Dios ha preparado para ellos una vida extraordinaria que parecen incapaces de captar. Menos mal que nuestro Dios es misericordioso y fiel, y el camino hacia esa vida maravillosa es sencillo. Vivir según los principios de Dios es el camino claro hacia la vida extraordinaria. Dios no miente ni engaña a Sus seguidores. Su oferta de vida abundante es una promesa real para nosotros y para las generaciones por venir. Si usted no ha recibido a Cristo como su Salvador personal, le reto a comparar su vida con la vida que Él ofrece. Si usted le hace Señor de su vida, Él le cambiará de maneras tan extraordinarias, que la pasión y el amor que usted tenga por Él vivirán más allá de su paso por la tierra.

Dios quiere que usted viva una vida extraordinaria y ha hecho todo lo posible para lograrlo. Le proveyó a su Hijo como su Salvador, a su Espíritu Santo como Consolador y Maestro, y a su Palabra como guía infalible. Queremos ayudarle en su peregrinaje espiritual. El propósito de Instituto Charles Stanley para la Vida Cristiana es proveerles a todos los creyentes del mundo las verdades bíblicas sobre las cuales edifiquen una firme, fundamentada y abundante vida. Dé el siguiente paso en su peregrinar de fe visitando hoy mismo www.institutocharlesstanley.com.

Notas

Principio 1

1. Raymond V. Edman, *They Found the Secret* (Grand Rapids, MI: Zondervan, 1984), 18.

2. Ibid., 19–20.

Principio 4

1. Oswald Chambers, *My Utmost for His Highest,* Devoción del 5 de julio, editado por James Reimann (Grand Rapids, MI: Discovery House Press, 1992).

Principio 9

1. George Barna, *Growing True Disciples* (Colorado Springs, CO: Waterbrook Press, 2001), 65.

Acerca del autor

El Dr. Charles Stanley es pastor de la Primera Iglesia Bautista en Atlanta, Georgia, la cual cuenta con 15.000 miembros, y es el presidente del ministerio internacional *Ministerios En Contacto*. Dos veces ha sido elegido presidente de la Convención Bautista del Sur y se le conoce internacionalmente por su programa de radio y televisión *En Contacto*. Entre sus muchos libros que han sido éxitos de librería se incluyen, *Cuando el enemigo ataca, El éxito a la manera de Dios*, y *La fuente de mi fortaleza*.

CPSIA information can be obtained
at www.ICGtesting.com
Printed in the USA
LVOW04s0535181016
509146LV00001B/3/P